reinhardt

Peggy Fettig • Tanja Jungmann • Katja Koch

Überall steckt Kreativität drin

Alltagsintegrierte Kreativitätsförderung
für 3- bis 6-jährige Kinder

Mit 23 Abbildungen und 1 Tabelle

Ernst Reinhardt Verlag München

Peggy Fettig, Rostock, ist Sonderpädagogin und Kunstlehrerin. Sie arbeitet als wissenschaftliche Mitarbeiterin am Institut für Sonderpädagogische Entwicklungsförderung und Rehabilitation an der Universität Rostock.

Prof.in Dr. phil. *Tanja Jungmann* ist promovierte Psychologin. Sie lehrt und forscht an der Carl von Ossietzky Universität Oldenburg zum Thema „Sprache und Kommunikation und ihre sonderpädagogische Förderung unter besonderer Berücksichtigung inklusiver Bildungsprozesse".

Prof.in Dr. phil. *Katja Koch* lehrt und forscht zum Thema „Frühe Sonderpädagogische Entwicklungsförderung" am Institut für Sonderpädagogische Entwicklungsförderung und Rehabilitation an der Universität Rostock.

Im Ernst Reinhardt Verlag ebenfalls erschienen:
Gartmann, J., Jungmann, T.: Überall steckt Bewegung drin
(1. Aufl. 2021; ISBN 978-3-497-03020-0)
Jungmann, T., Koch, K., Schulz, A.: Überall stecken Gefühle drin
(3. Aufl. 2021; ISBN 978-3-497-03052-1)
Koch, K., Schulz, A., Jungmann, T.: Überall steckt Mathe drin
(2. Aufl. 2020; ISBN 978-3-497-02951-8)
Jungmann, T., Morawiak, U., Meindl, M.: Überall steckt Sprache drin
(2. Aufl. 2018; ISBN 978-3-497-02756-9)

Bibliografische Information der Deutschen Nationalbibliothek

Die Deutsche Nationalbibliothek verzeichnet diese Publikation in der Deutschen Nationalbibliografie; detaillierte bibliografische Daten sind im Internet über <http://dnb.d-nb.de> abrufbar.
ISBN 978-3-497-03177-1 (Print)
ISBN 978-3-497-61758-6 (PDF-E-Book)
ISBN 978-3-497-61759-3 (EPUB)

Printed in EU
Cover unter Verwendung eines Fotos von iStock.com/marigo20 (Agenturfoto. Mit Models gestellt)
Satz: Katharina Ehle

Ernst Reinhardt Verlag, Kemnatenstr. 46, D-80639 München
Net: www.reinhardt-verlag.de E-Mail: info@reinhardt-verlag.de

Inhalt

Vorwort

Kinder, die derzeit den Kindergarten besuchen, werden in einigen Jahren ihre Ausbildung beenden und dann eine völlig andere Welt erleben. Sie werden Berufe ausüben, die teilweise noch entwickelt werden müssen. Bildungssysteme stehen vor der Herausforderung, die Kinder auf diese schwer vorhersagbare Welt vorzubereiten, sie so zu stärken, dass sie ihre eigene Welt aktiv gestalten können (Fthenakis 2021). Die Europäische Kommission (2021) betont dazu in ihrem Bericht: Zuvorderst Kreativität, aber auch Neugier, intellektuelle Unruhe, eine Toleranz gegenüber Unsicherheit, Risiko und Mehrdeutigkeit sowie Flexibilität und Anpassungsfähigkeit sind Kompetenzen, die lebenslanges Lernen, langfristige Beschäftigungschancen und soziale Mobilität begünstigen. Diese Erkenntnisse sollten ihren Niederschlag in allen Bildungskonzeptionen finden.

Die genannten Kompetenzen stehen in engem Zusammenhang mit Kreativität, daher widmet sich das vorliegende Buch der zentralen Frage: Wie kann Kreativitätsförderung in Einrichtungen für Kinder zwischen 3 und 6 Jahren alltagsintegriert gestaltet werden? Es soll Freude daran wecken, mit Kindern im Alltag kreativ zu werden, zu malen, zu basteln, zu musizieren und zu bauen. Dies trainiert unter anderem die Feinmotorik, regt die Wahrnehmung an und trägt zur Förderung grundlegender kognitiver, sprachlicher und emotional-sozialer Fähigkeiten bei.

Die folgenden Fragen, die uns im Rahmen verschiedener Professionalisierungsangebote für pädagogische Fachkräfte sehr häufig begegnet sind, sollen beantwortet werden:

- Ziel von pädagogischer Arbeit im Alltag der Kindertageseinrichtung ist es, die Entwicklung der Kinder zu begleiten und sie zu fördern. Wie finden wir noch Zeit, uns um die Entwicklung von Kreativität zu kümmern?
- In welchen Alltagssituationen steckt in Kindertageseinrichtungen Kreativität als Lerngegenstand bzw. als Medium des Lernens?
- Wie kann dieses Potenzial zur Kreativitätsförderung am besten erkannt und genutzt werden?
- Wie viel Anleitung und Unterstützung brauchen Kinder in ihren kreativen Prozessen von den pädagogischen Fachkräften?

Neben der Beantwortung dieser Fragen sollen vor allem Möglichkeiten aufgezeigt werden, auf spielerische Art und Weise Kreativität zu fördern. Dabei ist klar: Kreativität lässt sich nicht wie ein Gedicht lernen. Vielmehr gilt es, die Kinder in ihrem Denken und Handeln so zu begleiten, dass sie ihre Lebenswelt selbst gestalten können und wollen. Dies verlangt von den pädagogischen Fachkräften den Mut, sich auf das Kind einzulassen. Anregungen dazu können aus unterschiedlichen Bereichen kommen und schaffen damit eine Brücke zu den vielfältigen Interessen der Kinder. Zugleich ermutigen sie, sich aktiv mit der Umwelt auseinanderzusetzen sowie konstruktiv mit entwicklungsgemäßen Problemstellungen umzugehen.

Unterschiedliche Materialien und Techniken können in der Arbeit mit Kindern zum kreativen Handeln beitragen. Die Impulse werden differenziert nach den jeweiligen Kompetenzen, für die sie förderlich sind, dargestellt und ausführlich erläutert.

Um die Anregungen und Spiele, die Sie in diesem Buch finden, umzusetzen, benötigen Sie weder teure Zusatzmaterialien noch müssen Sie besondere Situationen schaffen – denn: Überall steckt Kreativität drin! Wir wünschen Ihnen und den Kindern viel Spaß und Freude bei der Umsetzung und freuen uns über Ihr Feedback.

Abschließend möchten wir all jenen, die uns tatkräftig unterstützt und uns für die Fertigstellung des Buches ihre Zeit geschenkt haben, unseren Dank aussprechen: Dagmar Fettig danken wir für ihr stets offenes Ohr, die wertvollen fachlichen Hinweise, das gemeinsame Forschen und für ihre konstruktiven und kreativen Impulse.

Wir danken den großen und kleinen Experimentierbegeisterten für das Ausprobieren unserer Impulse: Roma, Oskar, Theo, Lilly, Jonathan, Theresa, Leo, Hilma, Valentin und Charlotte. Mike Lokenvitz, Kristina Schulz und Kathrin Walsch danken wir für die kritische Durchsicht des Manuskripts.

Rostock und Oldenburg, im September 2022
Peggy Fettig, Tanja Jungmann, Katja Koch

1. Kreative Kompetenzen

In diesem Kapitel wird zunächst der Kreativitätsbegriff definiert, es werden Meilensteine der Kreativitätsentwicklung skizziert und kreative Teilkompetenzen beschrieben. Dazu zählen die Gestaltungs-, die Problemlösungs- und die Sachkompetenz, das kreative Selbstkonzept und das kreative Handeln. Im Anschluss daran wird auf die Grundlagen der Kreativitätsförderung bei Kindern eingegangen. Alltagstaugliche Möglichkeiten zur Beobachtung und Dokumentation der Kreativität, ihrer Entwicklung und Teilkompetenzen, die die Basis jeglicher Förderung und damit der Impulse im Alltag der Kindertageseinrichtung bilden, werden beschrieben. Das Kapitel schließt mit einer kurzen Darstellung der Beziehungen der Kreativität zu anderen Entwicklungsbereichen: der Motorik, Wahrnehmung und Kognition, Sprache und Kommunikation sowie der sozial-emotionalen Entwicklung.

Kreativität ist ein schillernder Begriff. Die beinahe inflationäre Verwendung in der Alltagssprache steht in deutlichem Gegensatz dazu, wie schwer Kreativität präzise zu fassen ist.

Definition

Ein zentrales Merkmal von Kreativität ist es, etwas neu zu erschaffen (Braun 2016, 12). Viele Definitionen beinhalten zudem, dass das neu Erschaffene wertvoll sein soll.

Kreativität als das wertvolle Neue

Was neu und wertvoll ist, ist aber objektiv oft kaum zu bestimmen. Hilfreich ist es daher, bei der Definition von Kreativität eine *individuelle* Ebene und eine *soziale* Ebene zu unterscheiden.

Der Begriff Kreativität ist nicht für Künstler oder Genies reserviert, sondern jeder Mensch jeden Alters und jeder Profession kann, wenn er etwas Neues, sozial oder subjektiv Wertvolles schafft, als kreativ bezeichnet werden.

Beispiel

Während die Erfindung der Glühbirne für die Gesellschaft (soziale Ebene) einen erkennbaren Wert darstellt, bleibt ihr der Wert eines vom Kind neu geschaffenen Dinosauriers auf Papier, wie er in Abb. 1 zu sehen ist, vielleicht verborgen oder sie steht ihm gleichgültig gegenüber. Auf der individuellen Ebene des Kindes (und für sein direktes soziales Umfeld) ist der Dinosaurier aber wertvoll und bedeutsam.

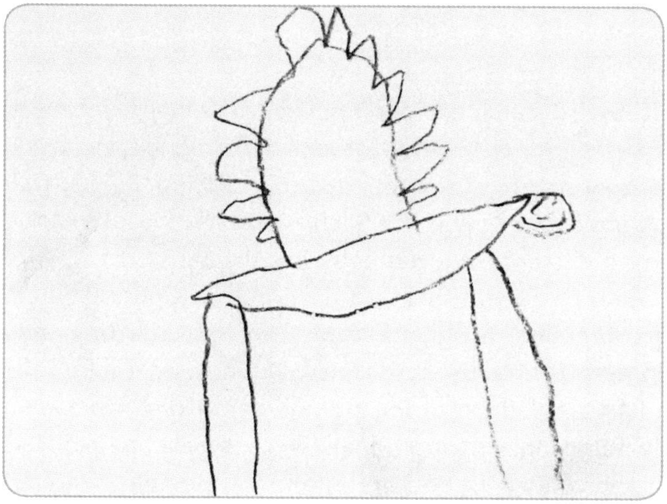

Abb. 1: Dinosaurier

Nach Braun et al. (2019) können grob zwei Arten von Kreativität unterschieden werden: die problemlösend-pragmatische und die ästhetische Kreativität.

Definition

problemlösend-pragmatische Kreativität

Als problemlösend-pragmatische Kreativität wird die Fähigkeit beschrieben, in einer herausfordernden Situation eine (oder mehrere) originelle Lösung(en) zu finden.

Sie ist immer Mittel zum Zweck und kann sowohl zu bahnbrechenden Erfindungen als auch zu ganz pragmatischen Alltagslösungen führen.

Beispiel

Malte (3;1 Jahre) spielt im gepflasterten Hof mit seinen Autos. Eine Garage wird gebraucht, doch wo ist die Kreide? Da sie nicht zu finden ist, werden die Garagenumrisse mit einem weichen Stein ins Pflaster gekratzt.

Definition

ästhetische Kreativität

Die ästhetische Kreativität bezieht sich dagegen auf den künstlerischen Bereich und meint die schöpferische Kompetenz, die ihren Ausdruck in Form von Kunstwerken wie Symphonien, Gemälden, Romanen oder Theaterstücken findet.

Als Produkt ästhetischer Kreativität nutzt der Künstler mit seinem Kunstwerk, neben der Gestaltung eines Themas, also auch die Möglichkeit, sich persönlich auszudrücken. Kunstwerke sind damit nicht Mittel zum Zweck, sondern als Ausdruck des jeweiligen Künstlers gewissermaßen *Selbstzweck.*

Kreativität ist die Kompetenz zum Schöpferischen, die in pragmatischen Problemlösungen ebenso ihren Ausdruck finden kann wie im ästhetischen Gestalten.

konvergentes und divergentes Denken

Für kreative Prozesse sind zwei Arten des Denkens gleichermaßen bedeutsam, das konvergente und das divergente Denken:

Definition

Unter konvergentem Denken versteht Guilford (1967) ein logisches Vorgehen, das auf eine einzige, genaue Lösung abzielt. Diese Art des Denkens ist linear und eher rational-logisch.

Divergentes Denken herrscht nach Guilford (1967) bei kreativen Prozessen vor. Mit diesem Begriff wird eine offene, eher unsystematische Art, sich mit einem Problem auseinanderzusetzen, bezeichnet. Hier geht es um Assoziationen, Perspektivwechsel und Experimente.

Beispiel

Ein Kind baut aus Steckbausteinen ein Haus. Für dessen Dach ist eine Konstruktion nötig. Es sucht nach passenden Steinen, findet diese aber nicht. Zunächst wägt es verschiedene Lösungsmöglichkeiten ab: Man könnte die Steckbausteine zurechtschneiden, selbst passende herstellen, oder neue kaufen. Man könnte sich auch einfach die passenden Steine herbeizaubern oder sich andere Dachkonstruktionen ausdenken, die mit den vorhandenen Steinen gebaut werden können. Die Entwicklung solch verschiedener Lösungsszenarien wird als divergentes Denken bezeichnet. Aus allen Möglichkeiten muss das Kind diejenige heraussuchen, die es in diesem Moment tatsächlich weiterbringt. Das Herbeizaubern funktioniert nicht, ebenso wenig wie das Herstellen neuer Steine. Nach Ausschluss dieser nicht zielführenden Optionen entscheidet sich das Kind dafür, das Dach auf eine andere Weise zu bauen, sodass die vorhandenen Steine dafür benutzt werden können.

Im Beispiel erfolgt zunächst eine rationale Auseinandersetzung mit dem Problem der fehlenden Steine (konvergentes Denken). Es entstehen kreative Ideen (divergentes Denken). Diese Ideen müssen wiederum rückgekoppelt werden mit der Realität (das Herbeizaubern funktioniert nicht, neue Steine können nicht ohne Weiteres hergestellt werden usw. → konvergentes

Denken). Aus den entwickelten Ideen muss jetzt noch die passende Lösung ausgewählt werden.

Ohne konvergentes Denken sind kreative Ideen, die dem divergenten Denken entspringen, kaum oder nur schwerlich umsetzbar.

Kreativität kann sich nicht nur im Produkt, sondern auch im Prozess zeigen. In Anlehnung an Wallas (1926) lässt sich der kreative Prozess in vier Phasen unterteilen (Krampen 2019, 83 ff):

vier Phasen des kreativen Prozesses

1. **Vorbereitungsphase:** Um ein Problem erkennen zu können, ist in der Regel eine gründliche Beschäftigung mit dem betreffenden Bereich notwendig, ebenso eine Sammlung bereits vorhandener Informationen. Notwendig dafür sind Impulse. Diese können von der Person selbst ausgehen (innerer Impuls), aber auch von außen initiiert werden (äußerer Impuls). In jedem Fall sind Neugierde und Problemsensitivität erforderlich.
2. **Inkubationsphase:** In Phase zwei wird das Problem mehr oder weniger bewusst bearbeitet. Erste Lösungsversuche werden generiert, Umstrukturierungen vorgenommen und zugunsten weiterer Lösungen wieder verworfen.
3. **Illuminationsphase:** Die Illumination, wortwörtlich die „Erleuchtung", beschreibt die (bisweilen plötzliche) Erkenntnis einer Lösung (oder das Werk). Im Alltag spricht man oft vom Aha-Erlebnis, also von der Bewusstwerdung des schöpferischen Augenblicks (Funke 2000).

Beispiel

Ein sehr populäres historisches Aha-Erlebnis geht auf eine Legende um den griechischen Mathematiker Archimedes zurück. Archimedes hatte die Aufgabe, herauszufinden, ob die Krone seines Königs aus reinem Gold ist, allerdings ohne die Krone zu beschädigen. Archimedes grübelte sehr lange vergebens. Eines Tages fiel ihm, als er ein Bad nahm, auf, wie das Badewasser über den Rand der Wanne schwappte. Da wurde ihm schlagartig klar, dass sich anhand der verdrängten Wassermenge die Dichte eines Körpers bestimmen lässt, und damit auch, wieviel Gold die Krone des Königs enthält. Diese plötzliche Erkenntnis ließ, so die Legende, Archimedes laut „Heureka" rufen.

4. **Produktions- und Verifikationsphase:** In dieser Phase wird die Lösung umgesetzt oder das Werk erstellt. Außerdem findet die Erprobung sowie ggf. eine Modifikation statt.

1.1 Meilensteine der Kreativitätsentwicklung

Menschen unterscheiden sich in der Entwicklung ihrer Kreativität stärker voneinander, als dies bei anderen Persönlichkeitsmerkmalen (z. B. Intelligenz oder Empathie) der Fall ist.

Wellen statt Linearität

Auffällig und ungewöhnlich ist, dass die Indikatoren für Kreativität (Ideenflüssigkeit, Flexibilität im Denken, Originalität) keinen linearen oder linear beschleunigten Verlauf im Sinne von Weiterentwicklung zeigen. Vielmehr vollzieht sich die Kreativitätsentwicklung wellenförmig und mit Plateaubildungen.

Die Indikatoren entwickeln sich vom dritten zum vierten Lebensjahr stetig weiter. Mit dem Eintritt in den Kindergarten nimmt die Kreativität ab, um dann wieder bis zur dritten Grundschulklasse anzusteigen. In der vierten Klasse sinken die Kreativitätswerte erneut, steigen bis zur siebten Klasse an und nehmen dann wiederum ab. Anschließend gibt es einen erneuten Anstieg bis zur elften Klasse (Torrance 1959).

creativity slumps

Kreativitätsflauten (creativity slumps) zeigen sich häufig bei Übergängen in der Bildungsbiografie und resultieren aus den damit einhergehenden, spezifischen Anforderungen wie soziale Konformität, Akzeptanz von Lehrpersonen als Autoritäten und Konzentration auf konvergentes Denken wie beim Erlernen der Kulturtechniken (z. B. Melden und Warten bis die Lehrkraft einen aufruft, bevor man spricht; es gilt, was die Lehrkraft sagt; das Ergebnis von Schwungübungen oder Additionsaufgaben ist bereits vorgegeben).

Kreativitätsentwicklung vollzieht sich nicht linear ansteigend, sondern in wellenförmigem „Auf und Ab“ und verharrt bisweilen auf Plateaus.

Kompetenzbereiche

Um einen kreativen Prozess, ob im Bereich der ästhetischen oder im Bereich der problemlösenden Kreativität, erfolgreich vollziehen zu können, sind verschiedene Kompetenzen notwendig. Dazu gehören die Gestaltungskompetenz, die Problemlösungskompetenz, die Sachkompetenz, das kreative Selbstkonzept sowie das kreative Handeln und Verhalten. Diese werden im Folgenden kurz beschrieben.

Gestaltungskompetenz

Zur Gestaltungskompetenz gehören alle Fähigkeiten, die sich auf die Exploration von Material, die Produktion von Ideen und die letztendliche Gestaltung des Werkes beziehen.

Beispiel

Im Herbstprojekt werden Tiere gestaltet. Beim Spaziergang haben die Kinder unterschiedliche Naturmaterialien gesammelt. Justus (3;7 Jahre) wählt einen Tannenzapfen. Er möchte einen Igel basteln. Dazu fehlen dem stacheligen Zapfen aus seiner Sicht nur noch ein Gesicht und Augen. Justus beobachtet die anderen Kinder, die mit Kastanien, Eicheln und Blättern am Thema arbeiten. Er betrachtet die Materialkisten im Raum und ist unzufrieden. Plötzlich hat er eine Idee: Justus bittet seine Fachkraft um Salzteig. Dann verbindet er Zapfen und Salzteig und kreiert seinen eigenen Igel, der piekst und ein glattes Gesicht hat (Abb. 2).

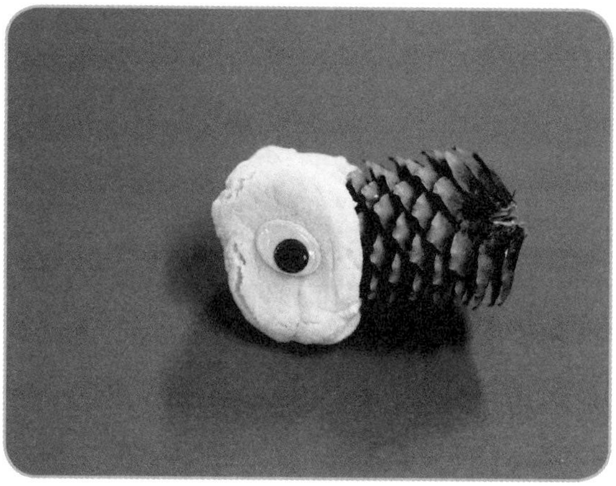

Abb. 2: Igel aus herbstlichen Naturmaterialien

Problemlösungskompetenz

Bei der Problemlösungskompetenz geht es darum, wie das Kind Problemstellungen begegnet bzw. mit Herausforderungen umgeht (siehe konvergentes und divergentes Denken). Die Kompetenz, Probleme zu lösen, brauchen Kinder, Jugendliche und Erwachsene immer dann, wenn Lösungen nicht naheliegend oder offensichtlich sind und deshalb ein strategisches und/oder kreatives Vorgehen zur Lösungsfindung notwendig sind. Problemlösungskompetenz bedeutet, dass Kinder einen Lösungsweg suchen und sich auf diesen einlassen müssen. Dabei müssen sie bereits Gelerntes aktivieren und organisieren. Die Kompetenz, Probleme zu lösen, zeigt sich z. B. darin, dass sie über geeignete Strategien zum Finden kreativer Lösungsansätze und -wege verfügen und diese Strategien reflektieren können (Kipman 2019).

Beispiel

Jonathan (5;6 Jahre) hat eine Rakete gebastelt. Weil er in Bilderbüchern oft gesehen hat, dass Raketenkörper zylindrisch sind, hat er in der Wohnung nach passendem Material gesucht. Seine Rakete besteht nun aus der Papphülse einer Küchenpapierrolle (Abb. 3). Um seiner Mutter zu verdeutlichen, wie stark der Schub sein muss, um seine Rakete ins All zu befördern, imitiert er mit seinem ganzen Körper und mit Lauten einen Raketenstart.

Sein kleiner Bruder Theo (2;6 Jahre) will nun auch eine Rakete starten lassen. Allerdings bleibt der durch ihn hochgeworfene Baustein nicht in der Luft. Nach einigen Versuchen kommen die Brüder gemeinsam darauf, den Baustein in ein Regal zu legen. Aus Sicht der Jungen schwebt nun die Rakete über der Erde, wie sich das für Raumkörper gehört. Beide Jungen sind mit ihrer Lösung zufrieden.

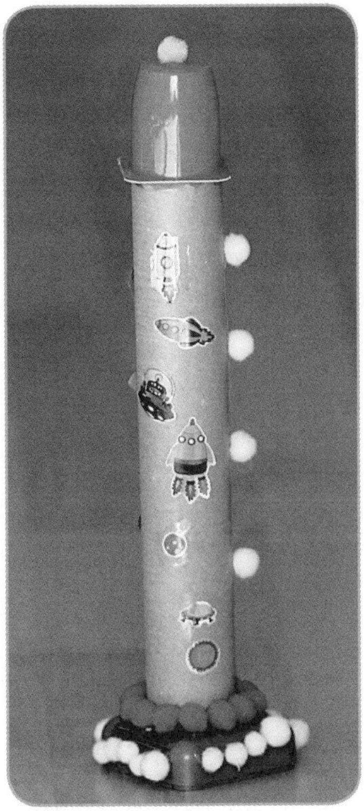

Abb. 3: Rakete aus Toilettenpapierrollen

Sachkompetenz

Sachkompetenz entsteht durch die Erfahrungen des Kindes mit seiner Umwelt. Der Umgang mit Materialien und Arbeitsgeräten wie Schaufeln, Feilen, Pinseln, Stiften oder Raspeln, aber auch der sachgemäße Einsatz von Scheren, Schnitzmessern und Sägen wird erprobt. Neben der Sicherheit in der Handhabung geht es auch um die Pflege und den sorgsamen Umgang mit den Arbeitsmaterialien.

In der Natur lernen Kinder viel über chemische und physikalische Zusammenhänge, z. B. bei der Bildung von Tautropfen, bei aufsteigendem Nebel sowie bei Sturm und seinen Folgen. Sie erwerben ihr Wissen durch eigene Erfahrungen und kreatives Experimentieren, beispielsweise im Umgang mit dem Element Wasser: beim Schütten, Eis zerschlagen oder Schnee zum Schmelzen bringen. Sie erfassen Prinzipien bei Konstruktionen mit Hölzern, Steinen oder Sand sowie beim Höhlenbau. Es eröffnen sich zahlreiche künstlerische Gestaltungsmöglichkeiten, wie ein Muster zu legen oder ein Insektenhotel zu bauen.

Sachkompetenz beinhaltet auch die Verwendung von Sprache. Kinder lernen, Dinge oder Situationen präziser zu beschreiben und zu verstehen.

Beispiel

Milan (5;1 Jahre) möchte einen hohen Turm bauen. Er nimmt die Holzbausteine und stapelt einige übereinander. Aber der Turm wackelt und fällt schließlich krachend um. Er wählt nun Steckbausteine. Der Turm wird höher, aber auch er ist sehr wackelig. „Warum geht das denn nicht?“, ruft er in den Raum. Da erklärt ihm Toni: „Du musst die Steine anders setzen.“ Milan versucht es erneut und steckt die Steine nun versetzt übereinander. Es klappt!

Definition

Als Selbstkonzept einer Person wird das Resultat der Verarbeitung aller bisherigen Erfahrungen zu einem bestimmten Zeitpunkt bezeichnet (Buff 1991, 100). Es umfasst verschiedene Aspekte und Kategorien der Selbstwahrnehmung (Shavelson et al. 1976, 412). Damit bezieht sich das Selbstkonzept auch auf Vorstellungen, Fähigkeiten und Einschätzungen zur eigenen Person.

kreatives Selbstkonzept

Erfahrungen, die das Kind im Rahmen von kreativen Prozessen macht, und die Rückmeldungen, die es dazu erhält, beeinflussen seinen weiteren Umgang mit seiner eigenen Kreativität. Wird das Kind positiv bestärkt, erhält es einen Impuls, weiterhin kreativ zu sein. Fehlende oder geringe Wertschätzung durch Bezugspersonen kann sich negativ auswirken. Das kreative Selbstkonzept des Kindes bildet sich somit aus seinen Erfahrungen in einzelnen Situationen, in denen es kreativ wird.

Beispiel

Karel (5;4 Jahre) vergleicht sein Bild mit denen der anderen Kinder. Er äußert sich enttäuscht: „Ich kann nicht so gut malen.“ In diesem Fall benötigt Karel die aufmunternden Worte der pädagogischen Fachkraft, damit sich sein momentaner Eindruck nicht verfestigt und negativ auf weitere kreative Prozesse überträgt.

Kinder im Vorschulalter sind häufig überzeugt davon, dass sie mit Anstrengung alles erreichen können. Diese positive Grundeinstellung kann die pädagogische Fachkraft nutzen.

kreatives Handeln und Verhalten

Zum kreativen Handeln und Verhalten gehören z.B. das selbstständige Suchen nach Lösungen für Herausforderungen, kreative Spielideen, Übernahme der Ideen anderer und das Erfinden neuer Begriffe, wenn das passende Wort nicht bekannt ist.

Beispiel

Theo (2;7 Jahre) stellt beim Anschauen eines Bilderbuches fest, dass Vögel gerne Körner fressen. Seine Mama fragt ihn, welche Körner sie wohl am liebsten mögen. Seine Antwort lautet: „Weizenkörner, Kuchenkörner und Kekskörner“.

Kinder werden umso kreativer, je mehr kreative Prozesse sie erfolgreich durchlaufen haben (Braun et al. 2019).

Das bedeutet aber im Umkehrschluss, dass kreative Prozesse auch *ermöglicht* werden müssen. Kinder sollen durch Impulse so angeregt werden, dass sie schöpferisch tätig sein können und wollen. Dabei gibt es, gerade im Alltag, zahlreiche große und kleine Hindernisse.

Beispiel

Hemmnisse für den kreativen Prozess

Die pädagogische Fachkraft bittet Emanuel (4;3 Jahre), eine Geburtstagskarte für seine Oma zu gestalten. Oft besteht dabei schon eine genaue Vorstellung, wie diese Karte aussehen soll. Wird das Kind eigenständig kreativ, die Karte entspricht aber nicht der Vorstellung der Fachkraft von Schönheit, ist sie mitunter schnell dabei, das Kind beim Gestalten der Karte in die gewünschte Richtung zu lenken. Oder sie sagt: „Suche dir aus der Materialkiste das aus, was du benutzen möchtest." Wählt das Kind Ölfarben aus, ist ihr das aber für eine einzige kleine Karte viel zu aufwändig. Nicht selten fällt dann der Satz: „Für diese Farben bist du noch zu klein, nimm doch lieber die Wachsmalstifte!"

Der Einwand im Beispiel kann berechtigt sein, unterbricht aber den kreativen Prozess des Kindes. Nicht selten limitiert sich das Kind auch selbst, indem es den Erwartungen der Erwachsenen (in unserem Beispiel denen an eine „schöne" Karte) entsprechen will. Es traut sich vielleicht etwas nicht zu oder es hat Angst vor Ärger und Sanktionen. Diese Hemmnisse resultieren in der Regel aus den Vorerfahrungen des Kindes mit seiner sozialen Umwelt und können zu vorübergehenden Kreativitätsflauten führen.

1.2 Kreative Prozesse beobachten und dokumentieren

Kreatives künstlerisches Tun bietet dem Kind unterschiedliche Möglichkeiten, seine Kompetenzen weiterzuentwickeln. Vor der Entscheidung für ein bestimmtes Thema und die jeweiligen Techniken und Materialien ist die Ermittlung der Ausgangslage notwendig. Sie ist die Basis für alle Anregungen, auch im künstlerisch-ästhetischen Bereich. Die Aufgabe der pädagogischen Fachkraft besteht darin, das Potenzial des Kindes zu erkennen, zu dokumentieren und ihm durch Angebote zu ermöglichen, seine Kreativität weiterzuentwickeln.

standardisierte Testverfahren

Die Erfassung von Kreativität mit standardisierten Testverfahren, wie man sie z. B. aus der Intelligenzmessung kennt, ist schwierig, wenn nicht gar unmöglich. Eine Herausforderung stellt das Finden objektiver Bewertungskriterien dar. Kreative Prozesse ergeben sich aus einem komplexen Zusammenspiel von Merkmalen der Person, Umweltbedingungen und dem situativen Kontext (Preiser 2006). Daraus ergibt sich die Frage, was konkret zu bewerten ist:

- die Person und ihre individuellen Eigenschaften,
- der kreative Prozess oder
- das kreative Produkt.

Zur Erfassung von Kreativität wurden für unterschiedliche Zwecke, beispielsweise für Forschung, Selektion und Förderung, verschiedene Verfahren entwickelt (für einen Überblick z. B. Krampen 2019 oder Preiser 2006).

> Für den Kontext der Kindertageseinrichtungen sind standardisierte Instrumente nur bedingt geeignet, denn das Ziel der Beobachtung und Dokumentation von Kreativität im vorschulischen Bereich ist weder eine präzise Messung noch eine Bewertung von Person, Produkt oder Prozess. Vielmehr geht es darum, Kinder in ihrer Kreativität zu fördern, sie in ihren Fähigkeiten zu bestärken.

systematische Beobachtung

Die Kinder und ihre Gegebenheiten zu beobachten, ist dabei von großer Relevanz. Es dient im Wesentlichen zwei Zielen:

1. Erkennen individueller Entwicklungspotenziale, Ableitung von Entwicklungszielen und Einleitung adäquater Fördermaßnahmen,
2. Überprüfung der räumlichen und personellen Situation hinsichtlich ihres kreativitätsförderlichen Potenzials sowie entsprechende Schlussfolgerungen für die weitere Arbeit.

> Die systematische Beobachtung ist, im Unterschied zu unbewusster oder bewusster Wahrnehmung, ein planvoller, zielgerichteter Prozess, bei dem Informationen strukturiert und überprüfbar gesammelt werden.

Von Anfang an müssen insbesondere zwei Fragen geklärt werden: In welchem Zeitraum wird beobachtet? Was wird konkret beobachtet?

Anstelle einer bewussten oder unbewussten Wahrnehmung tritt ein Katalog von konkreten Beobachtungsschwerpunkten, die zum Ziel der Beobachtung passen.

Fragebogen zur Einschätzung der Kreativität

Beim Fragebogen zur Einschätzung der Kreativität (modifiziert und erweitert nach Braun et al. 2016) werden die fünf Kompetenzen des Konstrukts Kreativität (Kap. 1.1) auf einer fünfstufigen Einschätzungsskala (5 = „trifft genau zu“ bis 1 = „trifft gar nicht zu“) erfasst. Viele Items sind zudem exemplarisch operationalisiert.

Tab. 1: Fragebogen zur Einschätzung der Kreativität (modifiziert und erweitert nach Braun et al. 2016)

Skala	Beispielitems	Ankerbeispiel
A Gestaltungskompetenz Wie beschäftigt sich das Kind im Gestaltungsbereich?	Das Kind experimentiert mit Dingen. Das Kind erkundet neue Techniken.	Mia stellt fest, dass sie an den Stellen, die sie mit Wachsmalstiften bemalt hat, keine Wasserfarbe mit dem Pinsel auftragen kann. Sie malt nun bewusst die Fische mit Wachsmalstiften und das Meer mit der Wasserfarbe.
B Problemlösungskompetenz Wie begegnet das Kind Problemstellungen bzw. Herausforderungen?	Das Kind ist zugänglich für Herausforderungen. Das Kind hat originelle Ideen zur Problemlösung.	Sam bemerkt, dass er mit seiner Hand den Weg in seinem Bild verschmiert hat. Nach kurzem Ärgern taucht er seine Hand in die Farbe und druckt damit einen ganz besonderen Weg.
C Sachkompetenz Zeigt das Kind in seinen Reaktionen oder Äußerungen Anhaltspunkte, die darauf schließen lassen, dass es über ein Wissen um Eigenschaften und Gesetzmäßigkeiten von natürlichen Gebilden, Erscheinungen und Prozessen verfügt?	Das Kind kann sich unterschiedliche Eigenschaften und Beschaffenheiten von Papier vorstellen. Das Kind findet beschreibende Worte, um seine Werke zu erklären.	Lisa freut sich über das dünne, glänzende Papier. Weil die Farbe aber immer abrutscht und das Papier schnell reißt, fragt sie die pädagogische Fachkraft nach dem dicken, rauen Papier.

D Kreatives Selbstkonzept Zeigt das Kind Reaktionen, die darauf schließen lassen, dass es über eine kreative Haltung bzw. über ein kreatives Selbstkonzept verfügt?	Das Kind zeigt Freude an kreativen Ergebnissen. Das Kind zeigt Durchhaltevermögen bei der Neuerschaffung misslungener Ergebnisse.	Tom möchte gern mit den Fingern häkeln. Die Wolle ist für ihn nur schwer zu halten. Tom lässt sich von seiner Schwester noch einmal genau zeigen, wie sie die Finger formt und probiert es weiter.
E Kreatives Handeln und Verhalten Zeigt das Kind Verhaltensweisen, die auf ein bewusstes, kreatives Handeln schließen lassen?	Das Kind achtet auf behutsamen Umgang mit Materialien. Das Kind findet neue sprachliche Begriffe.	Lasse hat in einem Buch die Kunst von Christo gesehen und sucht nach Papier, um sein Spielzeug zu verhüllen. Beim ersten Versuch reißt das Papier. Er versucht es erneut, dieses Mal vorsichtiger.

Dieser Fragebogen zur Einschätzung der Kreativität ist in Kindertageseinrichtungen ein hilfreiches Instrument zur Systematisierung der alltäglichen Beobachtungen sowie für die spätere Dokumentation von Entwicklungsstand und -verlauf des jeweiligen Kindes.

Dokumentation von Entwicklung

Für die Dokumentation von Entwicklung liegen bereits viele gute Konzepte vor. Sie ermöglichen der pädagogischen Fachkraft, wertvolle Impulse in Bezug auf Kreativität zu setzen. Ausgehend von Fragebögen, wie dem oben genannten, kann die aktuelle und die weitere Arbeit mit dem Kind geplant werden. Es ist möglich, Entwicklungsberichte zu verfassen, die sich sowohl für die Arbeit mit den Eltern als auch zur Weitergabe im Rahmen von Übergängen eignen.

Nicht nur, aber gerade auch für den Bereich der ästhetischen Kreativität bieten sich zudem mit Bildmaterial gestaltete Dokumentationen in Form von Portfolios, Entwicklungstagebüchern, Lerngeschichten etc. an.

1.3 Beziehungen zu anderen Entwicklungsbereichen

Die Entwicklung der Kreativität ist eng verknüpft mit Wahrnehmung und Kognition, mit motorischen und sozial-emotionalen Kompetenzen sowie Methoden- und Sachkompetenzen.

motorische Kompetenzen

Die motorische Entwicklung beeinflusst auch das künstlerisch-ästhetische Handeln (Gartmann / Jungmann 2021). Jedes Kind entwickelt sich körperlich anders.

Beispiel

Ida (5;4 Jahre) hält den Stift beim Malen in der Faust. Um den Zangengriff für sie zu erleichtern, werden ihr Stifte angeboten, die eine dreieckige Form haben.

Beim Malen, Zeichnen, Drucken, Formen, Basteln, beim Musizieren und im darstellenden Spiel zeigen sich motorische Fortschritte und Hemmnisse. Die pädagogische Fachkraft leitet daraus Impulse und Hilfestellungen für die weitere künstlerische Tätigkeit ab und trägt damit auch zur Entwicklung der Kreativität des Kindes bei.

Beispiel

Carla (6;2 Jahre) drückt beim Zeichnen und Malen mit Stiften sehr stark auf. Ein Stück Küchenpapier unter dem Bild kann Carla helfen, ein Gefühl für die Unterlage und den Stift zu bekommen. Durch eine weiche Unterlage wird der Druckausgleich für das Kind spürbar.

Tipp

Entwicklungsschritte des Kindes lassen sich im künstlerisch-ästhetischen Bereich mit entsprechenden Themen, Materialien und Techniken begleiten, z.B. stellt der Impuls 18 „Treppauf, treppab" eine Verbindung zur motorischen Entwicklung her.

Wahrnehmung

Voraussetzung allen Denkens und Handelns sind die Wahrnehmung und die Verarbeitung des Wahrgenommenen. Für die pädagogische Fachkraft stellen sich auch im Hinblick auf die Förderung der Kreativität folgende Fragen:

- Wie nimmt das einzelne Kind seine Umwelt wahr?
- Wie erfasst und verarbeitet es mit all seinen Sinnen die Informationen aus der Umwelt? Inwiefern kann es z.B. Seh- und Höreindrücke aufnehmen und verarbeiten? Erfasst das Kind Kontraste? Kann es Farben und Formen erkennen und unterscheiden?

Tipp

Im Morgenkreis kann durch das Beschreiben von Illustrationen und Kunstwerken besonders die visuelle Wahrnehmung gezielt geschult werden. Möglich ist das beim Betrachten von Porträts, indem z. B. Pablo Picassos Selbstporträt beschrieben wird: „eine spitze Nase“, „ein großer Mund“ usw.

- Kann das Kind unterschiedliche Materialien in ihrer Oberflächenstruktur und Konsistenz beim Fühlen erkennen?
- Kann sich das Kind Arbeitsschritte merken und diese verfolgen? Wie viele sind es?
- Kann das Kind Erfahrungen, erlerntes Wissen und Techniken auf neue künstlerische Situationen und Anforderungen übertragen?

Beispiel

Die Kinder spielen „Ich sehe was, was du nicht siehst“. Etwas Grünes ist zu erraten. Theresa (4;7) glaubt, dass der Pullover ihrer Freundin Marlene (4;9) gemeint ist. Sie freut sich, dass sie richtig geraten hat, streicht Marlene über den Arm und stellt fest: „Dein grüner Pullover ist ja so kuschelig weich wie meine Decke zu Hause.“

- Inwiefern kann das Kind konzentriert und aufmerksam an einer Aufgabe arbeiten?
- Wie reagiert es auf Reize der Umwelt wie Gerüche, Klänge, Farben und Materialien?
- Kann es seine Wahrnehmungen in die richtigen Zusammenhänge bringen?

Von den Antworten auf diese Fragen werden die Planung und die Gestaltung des Alltags in der Kindestageseinrichtung durch die pädagogische Fachkraft stark beeinflusst, weil daraus Schlussfolgerungen für die Entwicklung der Kreativität des Kindes gezogen werden können.

Beispiel

Aaron (3;2 Jahre) hält im Spielen auf dem Hof inne und blickt konzentriert in die Luft. Als die pädagogische Fachkraft seinem Blick folgt, wird ihr klar: Es ist ein Düsenflugzeug, das er hört. Nun entdeckt er den Kondensstreifen und zeigt ihn aufgeregt der pädagogischen Fachkraft.

Hier wird veranschaulicht, wie die pädagogische Fachkraft allein durch die geteilte Aufmerksamkeit auf das Flugzeug die Kreativität des Kindes fördert. Die Rückmeldung an das Kind ist: was mich interessiert ist wichtig für die Fachkraft, ich bin wichtig für die Fachkraft. Die Fachkraft kann daraus die Information ziehen, dass sich Aaron für Flugzeuge interessiert und dies in späteren Impulsen, z. B. zum Malen und Basteln, einbeziehen.

Im künstlerisch-ästhetischen Bereich bieten sich vielfältige Möglichkeiten zur Schulung der Wahrnehmung durch die Nutzung der unterschiedlichsten Materialien, Techniken und Tätigkeiten. Damit kann jede Aufgabe auf die speziellen Bedürfnisse der Kinder zugeschnitten werden.

Beispiel

Elias (6;2 Jahre) ist unsicher bei der Verwendung der Farben Rot und Grün. Die Farbstifte werden deshalb mit abgesprochenen Zeichen markiert.

Wahrnehmungsschwierigkeiten in einem Bereich werden eventuell durch einen anderen Bereich kompensiert. Ganzheitliches, differenziertes Erleben mit allen Sinnen kann z. B. über den Impuls 24: Farbspuren aus der Natur trainiert werden.

Lernen und Kognition

Lernen ist weit mehr als der Erwerb von Wissen und Kenntnissen. Vielmehr umfasst es „alle Verhaltensänderungen, die aufgrund von Erfahrungen zustande kommen" (Lefrancois 1994, 3). Inzwischen wird die Bedeutung von problemlösenden sowie kreativen Prozessen aus dem ästhetischen Bereich, denen in der Reformpädagogik ein hoher Stellenwert zugeschrieben wird, wiederentdeckt. Sie werden sowohl als Basis der kognitiven Entwicklung als auch in ihrer motivierenden Relevanz für Lernprozesse hervorgehoben. In ihren Bildern, Liedern, Bauwerken usw. machen Kinder Entwicklungsschritte sichtbar. Oft kann nachvollzogen werden, wie das Kind bei seinem Lernprozess vorgegangen ist. Damit wird sein schöpferisches Denken veranschaulicht.

> Lernen geschieht „in Form von aktiver Erkundung mit konkretem Erfahrungsbezug […]. Und darin liegt die zentrale Zielsetzung für die Kreativitätsförderung und somit auch die Herausforderung für die Praxis: Kindern diese vielfältigen Erfahrensbezüge zu ermöglichen, ihr aktives Erkundungsverhalten zu unterstützen und mit ihnen über ihre Erkenntnisse gemeinsam nachzudenken." (Braun 2016, 45).

Sprache und Kommunikation

Mit dem Eintritt in die Kindertageseinrichtung wird die Bedeutung von Sprache als Mittel der Verständigung, Kommunikation, Interaktion sowie des persönlichen Ausdrucks besonders deutlich (Jungmann et al. 2018). Kreativ zu sein heißt auch, seinen Gedanken und Gefühlen Ausdruck zu verleihen. Dabei bedient sich Kreativität unterschiedlicher Sprachen: verbal und nonverbal, z. B. Mimik, Gestik, Bildsprache, Zeichensprache, Rhythmen. Diese ermöglichen es dem Kind, Dinge der Welt zu benennen, darzustellen und zu verstehen.

Beispiel

Norma (5;2 Jahre) fällt beim Malen ein bestimmtes Wort nicht ein. Sie beschreibt die Farbe Blau darum so: „Ich brauche jetzt Himmelsfarbe."

Gemeinsame kreative Erfahrungen können sprachliche Fähigkeiten fördern, indem der kollektive Aufmerksamkeitsfokus z. B. auf einem Bild, einem Musikstück oder einem Thema liegt, über das gesprochen wird. Wenn die pädagogische Fachkraft gestaltende Tätigkeiten sprachlich begleitet, werden die Teilschritte der praktischen Arbeit deutlicher und neue Begriffe zu Materialien und Techniken gefestigt. Das ermöglicht dem Kind, diese später selbstständig anzuwenden.

Beispiel

Die pädagogische Fachkraft beschreibt beim Malen mit Wasserfarben das eigene Vorgehen wie folgt: „Ich tauche den Pinsel in das Wasser ein. Nun streiche ich das Wasser ab. Erst danach tunke ich den Pinsel in die Farbe. Dann leuchten die Farben schön. Versuch es auch einmal!"

Gleichzeitig wirkt sich die Sprachentwicklung auf das künstlerisch-ästhetische Tun des Kindes aus.

Tipp

Durch die Erweiterung des Fachwortschatzes kann das Kind immer differenzierter Materialien und Techniken einsetzen, z.B. zunächst den Pinsel, dann den Rundpinsel oder den Flachpinsel.

Die pädagogische Fachkraft nutzt über die Entwicklung der Kreativität hinaus die Möglichkeit, Kinder auch sprachlich zu fördern. Durch die Anregung und Unterstützung von kreativen Prozessen nimmt sie bewusst Einfluss auf die Sprachentwicklung des Kindes.

emotional-soziale Kompetenzen

Gerade im künstlerisch-produktiven Bereich kann geübt werden, sensibel mit sich und anderen umzugehen, die Arbeit anderer anzuerkennen und sich darauf einzulassen. Kinder können lernen, Kritik zu äußern, ohne andere zu verletzen, aber auch Kritik an den eigenen kreativen Produkten als Hilfe zu verstehen und anzunehmen (Koch et al. 2021).

Künstlerisch-ästhetisches Arbeiten fördert und erfordert demnach emotionale und soziale Kompetenzen. Folgende Fragen können für die Beobachtung sozial-emotionaler Kompetenzen leitend sein:

- Wie nehmen die Kinder sich untereinander wahr?
- Wie gehen sie mit den unterschiedlichen Herangehensweisen und Ergebnissen ihrer praktischen künstlerischen Tätigkeiten um?
- Erkennen die Kinder Unterschiede an?

- Wie ist das einzelne Kind in der Lage, mit anderen zusammenzuarbeiten? Welche Spielpartner bevorzugt es?
- Ist das Kind in der Lage, die Ideen und Ergebnisse des kreativen Prozesses anderer zu würdigen?
- Ist es hilfsbereit und beteiligt es sich beim Austeilen von Farben usw.?
- Hält es Verhaltensregeln in der Gruppe während der künstlerischen Arbeit ein?

Das einzelne Kind kann im gemeinsamen kreativen Tun seine Mitmenschen immer besser verstehen. Die Kinder lernen voneinander und miteinander, wenn sie gemeinsam bauen, malen oder musizieren. Durch ein gemeinsames Ziel beim kreativen Gestalten bietet sich die Möglichkeit, die Sozialkompetenz der Kinder zu vertiefen. Im kreativen Prozess drücken Kinder aber auch ihre Stimmungen und Gefühle mit bildnerischen Mitteln (wie Farbe, Form, Textur, Perspektive oder Licht), Bewegung und Musik aus. Erlebtes kann auf diese Weise dargestellt und auch verarbeitet werden (Impuls 43: Laune raten).

Im nachfolgenden Beispiel wird verdeutlicht, dass das angemessene Reagieren in bestimmten Situationen geübt werden kann. Die Entwicklung einer höheren Frustrationstoleranz ist z. B. in kreativen Prozessen möglich und notwendig.

Beispiel

Einige Kinder legen mit Bügelperlen ein Muster. Tina (4;8 Jahre) ist auch daran interessiert. Mehrere Kinder lehnen Tinas Wunsch mit der Begründung ab, die Perlen würden nicht für alle ausreichen. Tina wird wütend und wirft die Perlen herunter. Die Kindergruppe reagiert mit Bestürzung. Selbst Tina ist erschrocken über die verstreuten Perlen. Ein Kind ruft die pädagogische Fachkraft. Ihre Aufgabe ist es nun, zu vermitteln. Zunächst bittet sie alle um Ruhe. Der Hergang des Vorfalls wird beschrieben. Die Fachkraft wendet sich an Tina und erklärt dem Mädchen, dass sein Verhalten nicht richtig war. Gleichzeitig zeigt die Fachkraft aber auch Verständnis für Tinas Gefühl der Wut in der Situation. Tina wird aufgefordert, beim Einsammeln der Perlen aktiv zu werden. Die Pädagogin unterstützt das Kind, indem sie mit Tina bespricht, welche alternativen Verhaltensweisen möglich gewesen wären. Um zukünftig eine Strategie für eine ähnliche Situation zu entwickeln, kann es sinnvoll sein, mit dem Kind in einem Rollenspiel Varianten für ein angemessenes Verhalten durchzuspielen.

Werden dem Kind vielfältige Impulse und Möglichkeiten gegeben, kreativ zu werden, kann sich das demnach, bei entsprechender Begleitung, auch positiv auf seine gesamte Entwicklung auswirken.

2. Alltagsintegrierte Kreativitätsförderung

Die Förderung der Kreativität aller Kinder stellt eine zentrale Aufgabe für pädagogische Fachkräfte dar. Zunächst wird der Begriff der alltagsintegrierten Kreativitätsförderung geklärt und thematisiert, welche besondere Bedeutung dem Spiel für die Kreativitätsentwicklung zukommt. Weiterhin wird auf die Rolle der pädagogischen Fachkraft eingegangen, deren Aufgabe darin besteht, vielfältige Impulse zur Entwicklung der Kreativität zu schaffen. Es wird dargestellt, wie wichtig eine wertschätzende Beziehungsgestaltung zu den Kindern sowie die Gestaltung einer kreativitätsförderlichen Umgebung (z.B. Inhalte, Methoden, Techniken) und entsprechender Organisationsformen (z.B. Räume, Zeiten, Material und Personen) sind. Das Konzept der Kreativitätswerkstatt wird exemplarisch vorgestellt. Zudem wird auf die Bedeutung der Zusammenarbeit mit den Eltern, z.B. im Rahmen einer Elternwerkstatt, sowie von Kooperationen mit Künstlern und Galerien in der Umgebung der Kindertageseinrichtungen eingegangen.

2.1 Was ist alltagsintegrierte Kreativitätsförderung?

Jeder Mensch, so auch jedes Kind, kann, wie bereits festgestellt, kreativ sein. Das bedeutet, Kinder bringen kreatives Potenzial mit. Sie können es ausbilden, wenn sie auf Erwachsene und ein Umfeld treffen, die ihnen helfen, ihre Potenziale zu entfalten und zu erhalten.

Bedeutung des sozialen Umfelds

Kinder reagieren auf ästhetische und sinnliche Impulse aus der Umwelt mit Neugier, Erkundungsverhalten, Fantasie, Experimentierfreude und schöpferischem Tun (Braun et al. 2019). Die Entwicklung kognitiver und kreativer Potenziale von Kindern ist dabei umso größer, je mehr emotionale Zuwendung sie erfahren und je mehr Erfahrungsmöglichkeiten ihnen das sozio-kulturelle Umfeld bietet (Braun 2016). In der Praxis gehen diese beiden Aspekte üblicherweise miteinander einher.

alltagsintegrierte Förderung

Kreativitätsförderung sollte in den Tagesablauf der Kinder eingebettet sein. Die Vorstellung, sie könne in Form von Kreativitätsförderprogrammen, wie auch immer sie gestaltet sind, erfolgen, steht der bisher geschilderten, grundsätzlichen Auffassung von Kreativität als Kompetenz zum Schöpferischen entgegen. Die dauerhafte Vorgabe bestimmter Materialien oder Programmbausteine in strukturierter und standardisierter Abfolge birgt vielmehr die Gefahr, jegliche Kreativität im Keim zu ersticken. Bereits alltägliche Situationen in den Kindertageseinrichtungen bieten zahlreiche Möglichkeiten zur Entfaltung des kreativen Potenzials der Kinder – die pädagogische Fachkraft muss sie nur erkennen.

Bedeutung des Spiels

Für erfolgreiche Lernprozesse in allen Bereichen der kindlichen Entwicklung bietet das Spiel ideale Voraussetzungen. Kindliche Kreativität tritt in unterschiedlicher Intensität in allen Formen des kindlichen Spieles (z. B. im Funktionsspiel, Symbolspiel, Konstruktionsspiel, Rollenspiel, Regelspiel) auf.

Kreativspiel

Spiele, bei denen nicht nach einem vorgegebenen Regelwerk gespielt, sondern flexibel mit Regeln, Organisationsformen und Abläufen umgegangen wird, können unter dem Begriff *Kreativspiel* zusammengefasst werden. Kreativität kann dabei unterschiedliche Dimensionen annehmen: vom einfachen Abwandeln von Regeln über die Umstrukturierung von Spielabläufen bis hin zum Erfinden eigener Spielformen.

Beispiel

In der Familie wird „Mensch ärgere dich nicht" gespielt. Die Regeln sind bekannt und alle wissen, dass bei einer gewürfelten Sechs die nächste Figur ausgespielt werden muss. Anna (5;6 Jahre) beobachtet das Spiel und legt zum Vorteil für sich fest: „Heute können alle bei einer Sechs die Figur nehmen, die sie wollen." Ohne Protest der anderen MitspielerInnen geht das Spiel nun so weiter.

Schon sehr junge Kinder entdecken ihre Umwelt: Sie hantieren mit Gegenständen und Materialien, sie experimentieren mit Sprache und erfinden auf diese Weise von Anfang an ihre eigenen Spiele – mit anderen Worten, sie werden kreativ.

Beispiel

Elli (4;3 Jahre) spielt mit ihren Pferden und Puppen. Sie lässt die Reiterin sagen: „Nun müssen wir in den Stall gehen. Es regnet gerade." Elli nimmt einen Pappkarton, der neben ihr steht und in dem Bücher liegen. Sie leert ihn aus, dreht ihn um und lässt die Puppe rufen: „Wie gut, wir haben den Stall noch gerade rechtzeitig erreicht". Aus dem Karton ist ein Stall geworden, der auch im weiteren Spiel ein solcher bleibt.

Potenzial des kreativen Spiels

Alle Varianten des Kreativspiels enthalten explizit oder implizit das Potenzial, die kindliche Kreativität alltagsintegriert zu unterstützen und zu fördern. Die Voraussetzung für die Entfaltung von Kreativspielen allerdings ist, den Kindern Raum zu geben, eigenständig und kreativ zu spielen.

Damit Kinder kreativ spielen und lernen können, ist die pädagogische Fachkraft herausgefordert, sich mit Vorgaben zur Lösungsfindung zurückzuhalten.

Auch mit überkomplexem und perfektioniertem Spielzeug sollte zurückhaltend umgegangen werden. Kinder können eher kreativ werden, wenn man sie gewähren lässt. Aus einfachsten Gegebenheiten ihrer jeweiligen Umwelt entwickeln sie bald fantasievolle Spiele.

2.2 Gemeinsam kreativ werden – Die Rolle der pädagogischen Fachkraft

Die Aufgabe der pädagogischen Fachkraft besteht darin, den Alltag auf Situationen hin zu analysieren, die Potenzial für die Entfaltung und Förderung der Kreativität haben. Damit kommt ihr eine Schlüsselposition zu, denn sie kann Impulse und Anregungen geben sowie Bedingungen schaffen, dass Kinder kreativ sein können. Pädagogischen Fachkräften und Kindern, denen kreatives Spielen vertraut ist, gehen zu keiner Gelegenheit und an keinem Ort die Ideen zum Spielen aus. Sie erkennen den Aufforderungscharakter der Umwelt zum Spielen und können das Gelände, Geräte, Materialien, MitspielerInnen und Situationen als Impulsgeber zum Spielen begreifen und nutzen (Warwitz/Rudolph 2021).

Häufig müssen Erwachsene kreatives Spielen, d. h. ohne fremde Vorgaben und Hilfen selbst wieder erlernen. Zu sehr sind sie an die Verfügbarkeit von Spielmaterialien, ein vorbereitetes Spielgelände und ein Regelbuch für neue

Spiele gewöhnt, dass sie sich hilflos fühlen, wenn diese fehlen. Aber der Weg zur Wiederentdeckung der eigenen Kreativität lohnt sich.

Kreativität von Kindern hängt maßgeblich vom psychologischen Klima in der Einrichtung ab. Damit wird die von den Kindern und Fachkräften erlebte Lernumwelt, die pädagogische Arbeitsatmosphäre bzw. die vorherrschende erzieherische Wertorientierung bezeichnet. Im Rahmen eines unabhängigen Zeichentests wurde festgestellt, dass in einem Klima aus Neugier und Offenheit sowie in einer vertrauensvollen Lernatmosphäre, die sich durch Kreativität, Kooperation und Teamgeist auszeichnet, Zeichnungen von Kindern fantasievoller und kreativer ausfallen als die von Kindern in einem Vergleichskindergarten hierarchischer Struktur (Preiser 1996).

Förderung der Kreativität

Nach dem Konzept der Kreativitätsförderung besteht die Hauptaufgabe der pädagogischen Fachkraft darin, die natürliche Neugier von Kindern durch Unterstützung ihrer Experimentierbereitschaft aufrecht zu erhalten. Dazu gehört auch die Stärkung eines positiven kreativen Selbstbildes durch Erfolgserlebnisse und Anerkennung, durch die Begegnung mit vielfältigen Materialien und den damit verbundenen Möglichkeiten der Sacherfahrung, eine offene und ermutigende Kommunikation mit anderen Kindern und Erwachsenen sowie durch die eigenaktive Gestaltung von Umgebung und im gemeinsamen Tun von Erwachsenen und Kindern (Braun et al. 2019).

Beispiel

Die pädagogische Fachkraft beobachtet, wie Tim (5;4 Jahre) und Annabell (5;7 Jahre) in der Freispielphase ein Tiergehege bauen. Die Bausteine bilden den Zaun. Als Tim die Tiere ins Gehege setzen will, fragt er: „Soll da noch Rasen sein?" Auf einem Tisch liegen Blätter und verschiedene Stifte. Annabell holt, ohne zu zögern, ein Blatt und grüne Stifte. Beide Kinder arbeiten am Gras für ihren Zoo.

kreativitätsfördernde Elemente

Nach Braun et al. (2016) können die folgenden kreativitätsfördernden Elemente identifiziert werden:

- Aufbau von Selbstvertrauen,
- Kultivierung des Was-wäre-wenn-Denkens und die Begegnung mit anderen Kulturen,
- frühe Vermittlung von Techniken des kreativen Arbeitens und selbstständigen Lernens sowie der eigenen Bewertung von Leistungen,
- Aufbau von Durchhaltevermögen und Verzicht auf schnelle Belohnungen,
- Förderung der kindlichen Interessen verbunden mit der Herausforderung, sich immer wieder neu Wissen und Fertigkeiten anzueignen,
- Schaffung einer Umgebung mit kreativen Vorbildern.

Diese Elemente werden von Braun et al. (2019) noch ergänzt um die Kreativitätsförderung durch Beziehung und diejenige durch Kommunikation. Aber auch das Wissen über die Entwicklung von Kreativität und die Haltung zum Kind sind wichtig. Eine vorbereitete Lernumgebung spielt für die Kreativitätsförderung ebenfalls eine bedeutende Rolle (Kap. 2.3).

Wissen über die Entwicklung

Entscheidend für eine entwicklungsadäquate Förderung der Kreativität sind Kenntnisse darüber, wie sich Kreativität entwickelt. Ebenso müssen bedeutende Einflussfaktoren, welche auf die Kreativitätsentwicklung einwirken (Kap. 1.1 und 1.2), bekannt sein. Eine wesentliche weitere Voraussetzung ist eine regelmäßige und systematische Beobachtung des Handelns und Verhaltens eines jeden Kindes (Kap. 1.3).

Vielleicht hat das Kind ein konkretes Problem oder eine Aufgabe und ist intrinsisch durch Neugierde motiviert, diese(s) zu bewältigen. Zur Lösung des Problems bzw. der Aufgabe bedarf es eines gewissen Expertenwissens: Fehlende Informationen muss sich das Kind zunächst beschaffen. Dabei ist auch solches Wissen, das es vielleicht gar nicht direkt braucht, von Bedeutung, weil dieses bei neuen Problemlösungen nützlich sein kann. Kennt das Kind das zur Verfügung stehende Material und ist geübt im Umgang damit, kann es auch unkonventionell, fantasievoll und mutig damit experimentieren und aus bestehenden Wissenselementen eine neue Lösung kreieren. Dieser Prozess gelingt nicht ohne Konflikt- und Frustrationstoleranz, Kritikfähigkeit und Durchhaltevermögen.

Kreatives Verhalten heißt, sich einem Problem selbstbewusst und aus eigenem Antrieb zu stellen, es neugierig als Herausforderung anzunehmen, sich zielgerichtet Informationen und Kenntnisse zu beschaffen, mutig neue Wege und Lösungsmöglichkeiten zu beschreiten und selbstkritisch durchzuhalten, bis ein persönliches Ziel erreicht ist.

Im Alltag kommt den pädagogischen Fachkräften hierbei die Aufgabe einer die Kreativität anregenden Wegbegleitung zu.

Fachkraft-Kind-Beziehung

Feinfühlige Bezugspersonen nehmen die Signale des Kindes wahr (Sensitivität), interpretieren diese im Sinne der Bedürfnisse des Kindes (Empathie) und sind schließlich in der Lage, diese prompt und angemessen zu beantworten (Responsivität). Je früher ein Kind solche positiven Erfahrungen mit seinen primären Bezugspersonen, aber auch mit pädagogischen Fachkräften macht, desto besser kann es lernen, seine eigenen Gefühle wahrzunehmen und zu regulieren.

Kinder, die Sicherheit und Bestätigung, Aufmerksamkeit und Anerkennung, Ermutigung, Interesse und Anteilnahme erfahren, können selbstbewusst wagen, sich die Welt durch Erkunden, Erfahren und Begreifen anzueignen und werden bereit sein, sie mitzugestalten.

Kommunikation

Eine Rückmeldung zu seinen kreativen Prozessen und Produkten kann das Kind anregen, weiterhin eigene Experimente und Erfahrungen zu machen. Die pädagogische Fachkraft fragt ein Kind nach seinen Ideen, anstatt Fragen und Antworten vorzugeben. Phrasen, die ein Kind in der Entwicklung eigener Problemlösungsansätze blockieren, sollten vermieden werden.

Beispiel

Emil (4;0 Jahre) will aus Matsch, er nennt ihn „Beton“, eine Burg bauen. Die Masse allerdings ist zu weich, um stabil zu bleiben und immer wieder fällt der Turm in sich zusammen. Emil versteht das nicht, denn die Zaunpfeiler, die Papa und Mama am Wochenende mit Beton gebaut haben, stehen inzwischen fest im Vorgarten. Das Kind beginnt zu weinen. Die Fachkraft will ihm helfen und erklärt ihm, er solle doch lieber kein Wasser nutzen. Emil aber will ja gerade mit Beton spielen, und den mischt man mit Wasser an, das weiß er genau. Er bittet die Fachkraft, ihm richtigen Zement zu geben. Diese erklärt ihm, dass das nicht ginge, weil es Zement in der Kindertageseinrichtung nicht geben würde und er dafür ohnehin noch zu klein sei. Emil sammelt daraufhin Steine, mit denen er den Matsch von außen stabilisiert. Das funktioniert und stolz zeigt er es der Fachkraft – von wegen „zu klein“!

Die Ermutigung zu Kreativität auf der Ebene der Kommunikation verstärkt die vertrauensvolle Interaktion zwischen Kind und Erwachsenen. Hiermit verbunden sind das gemeinsame Tun und der bewusste Verzicht darauf, den eigenen Wissensvorsprung zu demonstrieren. Vielmehr bestaunt und entdeckt die pädagogische Fachkraft mit dem Kind gemeinsam die Phänomene der Welt.

Beispiel

Über das Kindergartengelände fliegen Kraniche. Die Kinder laufen um den Sandkasten. Plötzlich hebt ein Kind die Arme und ahmt Schrei und Flug der Vögel nach, weitere Kinder antworten als Kraniche. Die Fachkraft nimmt die Idee auf und ruft „Schaut nur, unsere Kraniche fliegen auch in den Süden.“

Wie das Beispiel zeigt, geht es nicht darum, dass die pädagogische Fachkraft als Spielleitung auftritt, sondern darum, dass sie partnerschaftlich den Spielprozess begleitet. Kinder und Fachkräfte sollen miteinander ausprobieren, wie man sich verkleiden kann, miteinander entdecken, wie man Farben mischen, wie man fantastische Geschichten erfinden oder auf einem Waldspaziergang über bizarr geformte Wurzeln staunen kann.

Einstellung zum Kind

Kreativitätsförderung scheidet sich an der grundsätzlichen Frage, wie viel und wie stark der Erwachsene von außen lenken will und soll. Es ist ein großer Unterschied, ob das Kind als ein noch unselbstständiges, hilfsbedürftiges Wesen betrachtet wird, dessen Entwicklung man steuern, lenken und beeinflussen muss, oder ob Kinder als neugierige, aktive Menschen begriffen werden, die durch eigene Erfahrungen und unbeirrbares Tätigsein Schwierigkeiten meistern und so Unabhängigkeit und Selbstständigkeit entwickeln können. Die pädagogische Fachkraft sollte sich deshalb immer wieder mit ihren eigenen Einstellungen und Haltungen dem Kind gegenüber auseinandersetzen.

Die Ideen der Kinder aufzugreifen bedeutet, jedem Kind Gelegenheiten zu geben, eigenständig, aktiv und einzigartig seine Welt zu erforschen. Dies geschieht im Rahmen der biologischen (Meilen-/Grenzsteine, Fähigkeiten, Aktivitäten) sowie kulturell-sozialen Möglichkeiten des Kindes, also den Erfahrungen, die es bereits früh in seiner sozialen Umgebung, u. a. im Bereich Kunst und Kultur, sammelt und die es ihm z. B. später erleichtern, Gesprächspartner in diesen Kreisen zu finden oder selbst als attraktiver Gesprächspartner von anderen wahrgenommen zu werden. Letztlich wird den Kindern damit die Entwicklung ihres kreativen Potenzials ermöglicht.

Beispiel

In der Kindertageseinrichtung gibt es seit den letzten Baumaßnahmen einen großen Erdhügel, der zum Teil aus noch lockerer Erde besteht, teils aber bereits von Gras bewachsen ist. Längst hätte er abgetragen werden sollen, da er dem Spielplatz stets einen etwas unfertigen Eindruck verleiht. Doch Kinder aller Altersstufen bespielen ihn: Die Kleinen versuchen, dort hinaufzuklettern, und buddeln an seinem Fuße. Für die Größeren stellt er eine Burg dar, von der der ganze Platz überschaut werden kann, und immer wieder wird er beim Versteckspiel genutzt. Als es schlussendlich soweit ist, dass der Hügel abgeräumt werden soll, beschließen die Fachkräfte, dass er behalten wird, weil er den Kindern so viele ungeahnte Möglichkeiten zum Spielen bietet.

Vorbildfunktion

Kinder brauchen in allen Bildungsbereichen Vorbilder mit einer positiven Einstellung zum kreativen Denken. Die Wertschätzung kreativer Prozesse von Kindern gelingt am besten den pädagogischen Fachkräften, die sich ihres eigenen kreativen Potenzials bewusst sind. Insofern ist die Auseinandersetzung mit der eigenen Persönlichkeit und den eigenen Stärken und Schwächen notwendige Voraussetzung, um andere in diesem Feld bewusst zu fördern. Dazu gehört auch die Offenheit für kreative Möglichkeiten aus dem Umfeld der Einrichtung. Dort finden sich in der Regel Menschen, die zu Vorbildern in Bezug auf Kreativität werden können.

Beispiel

Der Spielplatz des Kindergartens soll umgestaltet werden. Dafür werden zwei Künstler aus der Region engagiert. Die beiden beziehen die Ideen der Kinder in ihre Planung mit ein. Auch bei der praktischen Umsetzung sind die Kinder mit dabei, tragen Material und helfen, ein Mosaik fertigzustellen. An einem Morgen zeigt Anton seiner Mutter stolz den neuen Kletterdrachen mit Mosaik. „Guck mal, diesen Drachen habe ich mir ausgedacht!"

Zusammenarbeit mit den Eltern

Für Eltern gilt ebenfalls das, was bereits zu den pädagogischen Fachkräften gesagt wurde: Im Idealfall sind sie bereits kreative Vorbilder, die ihren Kindern offen, vorurteilsfrei und fehlertolerant begegnen, mit ihnen gemeinsam kreativ werden, dabei eine fragende Haltung zeigen und sich als lernende Individuen verstehen.

Es ist aber nicht davon auszugehen, dass dieses Ideal von allen Eltern zu jeder Zeit erfüllt werden kann. Hier können pädagogische Fachkräfte zu PartnerInnen für die Eltern werden, wenn sie diesen fragend, forschend und als stets Lernende begegnen.

Kernziele für die Zusammenarbeit mit den Eltern im Bereich der Kreativitätsförderung sind nach Beheng und Krause (2009) folgende:

- die Erkenntnisse über die Bedeutung von Kreativität und ihrer gelingenden Förderung darzulegen,
- die diesbezügliche elterliche Unterstützungsfunktion zu stärken sowie
- die Eltern für die aktive Beteiligung am Bildungsgeschehen in der Kindertageseinrichtung zu gewinnen, zum Beispiel in der Projektarbeit.

Eine wichtige Aufgabe der pädagogischen Fachkräfte besteht zunächst darin, den Eltern die Bildungsprozesse ihrer Kinder transparent zu machen. Dies gelingt zum Beispiel durch eine gute Dokumentation der kreativen Prozesse, durch Präsentationen von Produkten der Kinder sowie Gespräche, in denen der individuelle Ausdruck des einzelnen Kindes Wertschätzung erfährt. Dabei gilt es, den Mehrwert von Erfahrungen durch kreative Prozesse und Ergebnisse bewusst zu machen (Kap. 1.4).

Eltern-Kind-Werkstätten

Im Hinblick auf die Kreativitätsförderung durch Projektarbeit wird an dieser Stelle exemplarisch auf die Eltern-Kind-Werkstätten eingegangen. Das grundlegende Konzept stellen die im Rahmen des Forschungsprojektes *Von Piccolo bis Picasso* entwickelten Elternwerkstätten dar. Sie wurden als methodischer Ansatz zur Stärkung elterlicher kreativer Kompetenz entwickelt und erprobt. Dabei werden Eltern, Kinder und pädagogische Fachkräfte gemeinsam in explorativen, experimentellen Lernsettings aktiv und gestalten Bildungsprozesse der Kinder im engen Austausch (Beheng/Krause 2009).

Definition

Bei den Eltern-Kind-Werkstätten handelt es sich um kunstpädagogische, familienbildnerische Gruppenaktivitäten für Eltern-Kind-Paare. Die Aktivitäten zielen auf Kompetenzerwerb und beinhalten sozialpädagogisches Coaching beim gemeinsamen ästhetisch-kreativen Tun von Eltern und Kind sowie eine gemeinsame Reflexion im Austausch zwischen Eltern und Fachkräften.

Im Gespräch können die pädagogischen Fachkräfte den Blick der Eltern für die Selbstbildungsprozesse, in die ihre Kinder spielerisch eintauchen, schärfen. Die Eltern erfahren und üben, sich für das Lernen ihrer Kinder förderlich zu verhalten und haben Gelegenheit, sich als anregendes Vorbild zu entdecken (Braun et al. 2019).

2.3 Räume für Kreativität schaffen

Für selbstgesteuerte Bildungs- und Lernprozesse des Kindes kommt dem Raum eine wichtige Bedeutung zu. In der Reggio-Pädagogik wird er deshalb auch als „dritter Erzieher" bezeichnet (Kopic 2013). Der direkte Einfluss des Raumes und seiner Gestaltung auf die darin stattfindenden Prozesse muss deshalb auch bei der Kreativitätsförderung genauer betrachtet werden.

Allgemeines zur Raumgestaltung

Ganz allgemein sind die folgenden Aspekte zu klären:

- Können die Kinder selbstständig und selbsttätig ihren Fragen nachgehen und sich informieren? Hierzu wäre zu prüfen, ob z. B. Sachbücher oder anderes Informationsmaterial vorhanden sind. Auch Kinder-Tablets können im Zuge der Digitalisierung eine Rolle spielen.
- Haben die Kinder ausreichend Platz zum Forschen und Experimentieren in den Innenräumen und auf dem Außengelände? Für die Kreativitätsförderung ist speziell über Möglichkeiten nachzudenken, ein Kinderatelier, eine Lernwerkstatt oder einen Forscherbereich (evtl. auch temporär) einzurichten.
- Um die Produkte der Kinder wertschätzen zu können, ist es wichtig, dass ausreichend Platz, aber auch Zeit für die Präsentation von künstlerisch-ästhetischen Werken und Entdeckungen verfügbar ist.

- Befinden sich wahrnehmungsfördernde Elemente, wie ein Spiegel zur Selbstwahrnehmung oder ein Podest für den Blick nach draußen, im Raum? Wo können diese Elemente günstig platziert werden?
- Zur Entfaltung der Kreativität gehört auch die Möglichkeit zum Entspannen. Entsprechend sollen Rückzugsmöglichkeiten für die Kinder, also Orte, an denen sie in Ruhe ihrer Fantasie nachgehen können, eingerichtet werden.
- Um die einzelnen Bereiche und ihre Funktionen im Raum hervorzuheben, können Erkenntnisse aus der Farbpsychologie über die Wirkung von verschiedenen Farben genutzt werden, z. B. aktiviert Rot den Organismus, Orange fördert die Kommunikation, Blau wirkt entspannend, Grün führt zu höherer Kreativität (Wohlmann 2016).

Beispiel

Es ist Mittwoch. Für 30 Minuten können die Kinder zwischen verschiedenen Angeboten wählen. Karl (4;9 Jahre) entscheidet sich für das Kinderatelier. Er kennt die dort herrschenden Regeln (u.a. leise den Raum zu betreten, den Arbeitskittel anzuziehen, den Arbeitsplatz vorzubereiten und ihn sauber zu verlassen) sowie die Möglichkeiten für seinen Gestaltungsprozess (die vorhandenen Materialien, mögliche Techniken, das Thema frei wählen zu können). Die pädagogische Fachkraft hat verschiedene Materialien für den Farbauftrag (unterschiedliche Pinsel, Spachtel, Schwämme usw.) und Farben bereitgestellt. Sie empfängt die Kinder, unterstützt sie beim Vorbereiten und nach Bedarf. Karl wählt ein großes blaues Blatt, stellt die Palette bereit und bittet die pädagogische Fachkraft um verschiedene Farben. Sein Interesse gilt dem Spachtel. Karl trägt die von ihm gewählten pastosen Farben auf. Er probiert unterschiedliche Haltungen des Spachtels und beobachtet die Effekte. Für ein weiteres Bild nutzt er den Schwamm (Abb. 4).

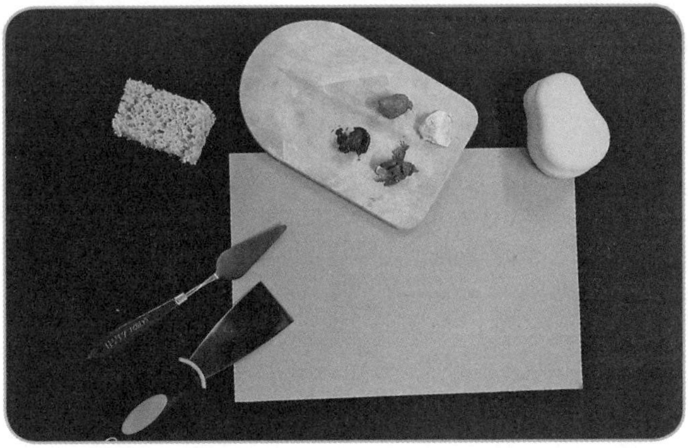

Abb. 4: Verschiedene Werkzeuge und Materialien für das Auftragen von Farben

Bei der Fülle der Empfehlungen gilt: weniger ist mehr – sowohl bezüglich der Farb- und Wandgestaltung als auch beim Anbieten von Materialien. Zu viel Farbe, Bilder oder Spielzeug führen zu Reizüberflutung, was die Kreativität der Kinder hemmt.

Darüber hinaus ist für Arbeits-, Spiel-, Entspannungs- und Ruhephasen jeweils eine geeignete Beleuchtung mit möglichst viel Tageslicht, eine ausgewogene Raumakustik und ein gutes Raumklima mit ausreichender Belüftung und angenehmer Temperatur wichtig. Die Beschaffenheit der Möbel und Spielsachen, ob Holz oder Plastik, beeinflusst ebenfalls die Raumatmosphäre und das Wertempfinden.

Tipp

Vorteilhaft ist flexibles Mobiliar, welches die Kinder je nach Bedarf umstellen und nutzen können. Auch die Beleuchtung sollte an die Bedürfnisse der Kinder beim kreativen Arbeiten angepasst sein.

ausgewogene Gegensätze

Eine ausgewogene Balance von Gegensätzen in der Einrichtung und im Materialangebot, beispielsweise zwischen Nähe und Distanz, Einfachheit und Vielfalt, Inspiration und Wiederholung sowie Logik und Fantasie, schafft Freiraum für kreatives Denken und Arbeiten.

Wenn ein kreativer Prozess zu sehr in die Fantasie abdriftet, kann dabei das Ziel aus den Augen verloren gehen und das Ergebnis ausbleiben. Zu viel Logik und Ergebnisorientiertheit hemmen andererseits die Kreativität (Kap. 1.2).

Materialangebot

Aufgabe der pädagogischen Fachkräfte ist es, den Bedürfnissen und dem Entwicklungsstand der Kinder gemäß, Materialangebote zu schaffen, aus denen diese ihre eigenen Spielideen entwickeln können. Dabei sind Strukturen und Übersichtlichkeit wichtig, um eine Überforderung zu vermeiden. Zudem fallen neue Materialien oder Werkzeuge mehr auf und ziehen das Interesse auf sich, wenn alles seinen festen Platz hat.

Material und Werkzeuge sollen die Neugier der Kinder anregen und z.B. zum Experimentieren, Gestalten, Kombinieren oder Sich-Bewegen einladen. So können vielfältige Sinneserfahrungen damit gemacht werden.

Naturmaterialien oder auch ungewohntes Material (z.B. ein Schlauch aus dem Baumarkt) können einen hohen Aufforderungscharakter haben. Tritt ein Sättigungseffekt gegenüber einem Material ein, kann es durch ein anderes Material ersetzt werden und damit für Abwechslung sorgen (Scherzer 2015).

Lernwerkstatt „Kinderatelier“

Einen besonderen Raum für das Malen und Gestalten stellen *Kinderateliers* dar: Dort gibt die pädagogische Fachkraft Impulse und begleitet die Kinder in ihren schöpferischen Momenten, während diese mit den unterschiedlichsten Materialien vielfältige Erfahrungen sammeln. Ganz nebenbei können zahlreiche Werkstücke als Produkte entstehen. Typische Materialien wie Ton, Stein, Holz, Sand, Erde, Papier, Karton, Wolle und ungewöhnliche wie Schrauben, Nägel, Zahnstocher, PET-Flaschen, Ruß, Kaffeesatz, Kohle, Papiertücher u. v. m. ermöglichen sinnliche Erfahrungen beim Rollen, Ritzen, Glätten, Kleben, Mischen, Modellieren, Matschen etc. Die Kinder können die gewonnenen Erkenntnisse über Material und Methode verarbeiten, indem sie diese gedanklich in ihre Vorstellung vom Aufbau der Welt integrieren (Horn 2021). Verfügt die Kindertageseinrichtung über ausreichend Platz, können im Kreativraum auch Themenbereiche definiert werden: z. B. das Farbenregal, die Stoffecke oder die Holzwerkstatt.

Kreativräume gestatten durch ein Angebot an Materialien unterschiedlicher Haptik, verschiedenen Aussehens und vielfältiger Bearbeitungsmöglichkeiten kreative Prozesse.

Bietet die Einrichtung nur eingeschränkte räumliche Möglichkeiten, ermöglichen transportable, austauschbare Material- und Werkzeugkisten oder -koffer optimale Reaktionen und lebendige Prozesse bei den Kindern.

Oft sind es schon kleine Veränderungen, die zum Impuls für kreatives Tun der Kinder in ihrem Alltag werden können. Das Umstellen von Dingen im Raum kann beispielsweise anregen, diese mit neuen Augen zu sehen. Vielleicht entsteht aus diesem Impuls ein durch die pädagogische Fachkraft initiierter kreativer Prozess, der wiederum zu einem kreativen Produkt führt.

3. Ein kreativer Tag in der Kita

Zur Förderung der Kreativität bieten sich im Alltag vielfältige Möglichkeiten. Zunächst geht es hier um übergreifende Förderaspekte, die in den unterschiedlichen Situationen im Alltag der Kindertageseinrichtungen eine Rolle spielen können und grundlegend für kreative Impulse sind. Im Anschluss daran werden beispielhaft Situationen aus dem Alltag der Einrichtungen aufgegriffen und dargestellt, wie die verschiedenen Bereiche der Kreativität (Gestaltungs-, Problemlösungs- und Sachkompetenz, kreatives Selbstkonzept und kreatives Handeln) gefördert werden können. Dabei sind die beschriebenen Vorgehensweisen als Anregungen zu verstehen, die durch weitere Ideen ergänzt werden können und mit kleinen kreativen Veränderungen auch in anderen Zusammenhängen anwendbar sind.

3.1 Übergreifende Förderaspekte

Für die Förderung kindlicher Kreativität bieten sich im Alltag der Kindertageseinrichtungen viele Möglichkeiten. Zu berücksichtigen sind dabei die Individualität des Kindes, die Phasen des kreativen Prozesses und die Organisation kreativen Arbeitens. Diese Aspekte greifen ineinander und können nicht isoliert betrachtet werden. Kreativität benötigt neben der Begleitung und geeigneten räumlichen Gegebenheiten (Kap. 2.3) auch Zeit, in der Kinder sich mit diesen Gegebenheiten auseinandersetzen, sie entdecken und erforschen. Ein und derselbe Gegenstand kann bei verschiedenen Kindern zu ganz unterschiedlichen kreativen Ansätzen führen, wie die folgenden Beispiele zeigen.

Beispiel

Tim (3;3 Jahre) läuft über den Hof der Kindertageseinrichtung. Ein herabgefallener Ast erweckt sein Interesse. Er zieht den Ast hinter sich her und entdeckt zufällig, dass auf dem sandigen Boden Schleifspuren entstanden sind. Begeistert zieht er den Ast weiter und betrachtet die verschiedenen Strukturen, die sich dadurch im Sand bilden.

Minna (3;1 Jahre) klopft mit einer Schaufel auf verschiedene Dinge. Sie freut sich über die unterschiedlichen Klänge, die die Schaufel auf Stein, Holz oder Metall erzeugt. Minna sucht nach immer neuen Klängen ihres „Schaufelinstrumentes“. Der Ast, der eben noch Spuren im Sand erzeugte, erregt ihr Interesse. Sie klopft an verschiedenen Stellen auf den Ast und lauscht den entstehenden Tönen.

Simon (5;4 Jahre) baut mit anderen Kindern aus Zweigen und Blättern eine Hütte. Auf der Suche nach neuem Baumaterial entdeckt er den gerade von Minna abgelegten Ast, der nun eine neue Verwendung zum Weiterbauen findet.

kreatives Arbeiten ist individuell

Kreatives, künstlerisches Tun bietet Kindern unterschiedliche Möglichkeiten, Kompetenzen und Potenziale weiterzuentwickeln. Für die Entscheidung für ein Thema, Techniken und Materialien ist aber immer die individuelle Ausgangslage des Kindes bestimmend und damit die Basis für alle Impulse.

Beispiel

Wenn Kinder ihre Lieblingstätigkeit pantomimisch darstellen, können sie eine Auswahl nach eigenen Interessen und Vorlieben treffen. In der Gruppe wird die Tätigkeit erraten, z.B. Eis essen, springen oder laufen. Vielleicht stellt ein Kind dabei auch das Malen an einer Staffelei dar.

In der künstlerisch-ästhetischen Tätigkeit werden Interessen und Vorlieben, Erfahrungen und Schwierigkeiten der Kinder sichtbar. Kreativität kann sich hier besonders zeigen. Die pädagogische Fachkraft knüpft daran an und wählt bewusst Techniken und Materialien aus, die die Kinder auf vielfältige Weise ansprechen und mit denen sie ihre Kompetenzen weiterentwickeln können (Kap. 2.2).

Kompetenzen

Bei jedem künstlerisch-ästhetischen Gestaltungsprozess werden alle Teilkompetenzen der Kreativität angesprochen und können sich somit entwickeln. Wenn Kinder beispielsweise unterschiedliche Techniken und Materialien erkunden und nutzen, stellen sie immer auch ihre Gestaltungskompetenz, ihre Problemlösekompetenz, ihre Sachkompetenz und ihr Selbstkonzept im kreativen Handeln unter Beweis. Herauszufinden ist, welches Wissen und welche Erfahrungen ein Kind bereits gesammelt hat und anwenden kann. Darauf wird aufgebaut. Anschauliche Erklärungen durch Vorführen sowie gemeinsames Erproben ermöglichen auch zurückhaltenden und ungeübten Kindern den Einsatz verschiedener Techniken und Materialien. Während erster Erprobungsphasen ist es möglich, die Handhabung der Materialien und den Umgang mit den Techniken zu beobachten und geeignete Unterstützungsmöglichkeiten auszuwählen. Zu überprüfen ist beispielsweise:

- Kennt das Kind Rituale zur Vor- und Nachbereitung bestimmter künstlerischer Tätigkeiten (Einrichten und Aufräumen des Arbeitsplatzes)?
- Welche Techniken und Materialien kann es schon zweckentsprechend einsetzen (z. B. Nutzung von Klebstoffen entsprechend der Materialien, Haltung des Pinsels und seine Nutzung für das Mischen von Farben und den Farbauftrag)?
- Greift das Kind Anregungen und Hinweise in seiner selbstständigen Tätigkeit auf?

Tipp

Für bestimmte Materialien, Techniken und Arbeitsabläufe ist die Verwendung von Symbolkarten sinnvoll. Kennen die Kinder z. B. die Symbolkarten für Schere und Stift, können damit Arbeitsschritte im künstlerisch-ästhetischen Tun visuell unterstützt werden.

Beispiel

Sonja (3;6 Jahre) kann sich die Schrittfolge beim Falten eines Hundes nicht merken (Abb. 5). Vielleicht helfen ihr Bilder zur Veranschaulichung: Die pädagogische Fachkraft hat die Teilschritte mit einer Bildfolge auf einem Plakat, das in der Bastelecke hängt, festgehalten (Abb. 6). Mit dieser methodischen Reihe können Sonja und andere Kinder selbstständig arbeiten.

Abb. 5: Origami – aus Papier gefalteter Hund

Abb. 6: Bebilderte Anleitung zum Falten eines Hundes

Fördernde und hemmende Faktoren müssen in den Phasen des kreativen Prozesses (Kap. 1.2) jeweils in Bezug auf die Lernvoraussetzungen der Kinder Berücksichtigung finden.

erste Phase: Vorbereitung

Erlebnisse und Erkenntnisse der Kinder aus dem Alltag in der Kindertageseinrichtung und dem Familienleben bilden die Grundlage für die Entwicklung der Kreativität. Sie sind von großer Bedeutung für die erste Phase des kreativen Prozesses, die Vorbereitungsphase, weil hier Informationen gesammelt werden. Wissen und Erfahrungen der Kinder, beispielsweise zu Materialien, Werkzeugen, Geschichten, aus Theaterbesuchen und Spielsituationen fließen in erste Versuche und Überlegungen ein. Sie sind nützlich, wenn es um Material- und Bühnenerfahrung, Sicherheit in Arbeitsabfolgen oder im Umgang mit Instrumenten geht. Um sich an solche Erfahrungen zu erinnern, aber auch um Materialien zu erforschen, auszuprobieren, etwas zu formen, aufzubauen, vielleicht wieder abzubauen oder zu zerstören, braucht es passende Gegebenheiten und Gelegenheiten.

Beispiel

Die pädagogische Fachkraft beobachtet, wie die Kinder in der Bauecke Häuser mit Holzbausteinen bauen. Sie nutzt ihre Beobachtung und stellt begleitend das Buch von den drei Schweinchen *Zilly, Billy und Willy (Shaw 2017)* vor, die sich unterschiedliche Häuser aus Stroh, aus Holz und aus Stein bauen. Die Kinder sind angeregt: Gleich probieren einige bei ihrem Häuserbau Steckbausteine, Stöcke und ungewöhnliche Materialien aus.

Eine förderliche Umgebung ist anregend, bietet unterschiedliche Materialien und ebenso die Sicherheit, Gedanken und erste Versuche auch verwerfen zu dürfen.

In dieser Phase sind besonders wichtig:

- ein geordnetes Angebot an unterschiedlichen Materialien, die im besten Fall unterschiedliche Sinne ansprechen,
- Wissen über mögliche Methoden und den Umgang mit Arbeitsmitteln wie Pinsel, Stift, Schere und Kleber, Kostüme und Instrumente,
- ein angemessener, anregender, aber nicht überfrachteter Arbeitsplatz,
- der Mut und die Freiheit, sich ausprobieren zu dürfen,
- die Möglichkeit, in der Umwelt Informationen und Materialien zu sammeln und so das Wissen um diese erweitern zu können,
- die Unterstützung der Fachkraft bei Bedarf, z. B. bei Einschränkungen im Bereich Motorik, bei Versagensangst oder auch bei fehlendem methodischen Wissen (durch methodische Reihen u. a.),
- Möglichkeiten der Unterstützung der Kinder untereinander zu schaffen (ExpertInnenwissen der Kinder).

Die Berücksichtigung solcher Aspekte in der Planung und Umsetzung ermöglicht den Kindern eine eigene Herangehensweise im Sinne eines kreativen Vorgehens (Kap. 1.1), vermeidet Überforderung und trägt zudem zu einem unfallfreien Arbeiten bei.

zweite Phase: Inkubation

In der Inkubationsphase wird eine schöpferische Pause eingelegt, in der das Unterbewusstsein die Verarbeitung der bisherigen Ideen und Lösungsansätze übernimmt.

Beispiel

Mit Pinseln, Farbe und Stiften gestalten die Kinder Häuser. Frieda (5;3 Jahre) möchte ein Hexenhaus malen. Ihr Haus ist ein gelbes Quadrat mit einem roten Dreieck als Dach (Abb. 7). Vor dem Haus „pflanzt“ sie mit dem Stift schnell noch Tulpen. Frieda überlegt: Würde eine Hexe in diesem schönen Haus wohnen? Sie ist unzufrieden, weiß aber nicht weiter. Wie sieht denn ein Hexenhaus aus? Sie unterbricht das Malen und wendet sich nun erst einmal dem Puppenhaus zu. Später verzieht sie sich in die Kuschelecke und schmökert in einem Märchenbuch.

Abb. 7: Erster Entwurf eines „Hexenhauses“

In diesem Teil des kreativen Prozesses kann nichts erzwungen werden. Oft wirkt es, als ginge es nicht weiter, aber das kann trügen, denn die gesammelten Informationen werden nun verarbeitet. Das Kind muss in dieser Phase seinen eigenen inneren Impulsen folgen können. Für die begleitende Fachkraft ist hier Geduld gefragt. Die Verarbeitung hängt oft mit Zweifeln zusammen, ob eine Lösung überhaupt gefunden werden kann. Eine Unterbrechung durch zu schnelle Vorschläge von außen kann den eigentlichen kreativen Prozess stören. Andererseits kann ein verspätetes Handeln durch die pädagogische Fachkraft (im Sinne von Beruhigen, Absichern oder Motivieren) zur Verzweiflung und/oder zum Abbruch des kreativen Prozesses führen. Ein vorübergehendes Scheitern muss jedoch möglich sein, um dann mit neuen Ideen den kreativen Weg weiter beschreiten zu können. Die Beobachtung des Kindes ist daher auch in dieser Phase des kreativen Prozesses von besonderer Bedeutung.

Eine gute Fehlerkultur, Einfühlungsvermögen und Verständnis für unterschiedliche Herangehensweisen an ein Problem oder eine Aufgabe sowie für verschiedene Lösungsansätze unterstützen kreatives Arbeiten.

dritte Phase: Illumination

Die dritte Phase des kreativen Prozesses, die häufig als Aha-Erlebnis, Erleuchtung oder Geistesblitz beschrieben wird, beginnt meist überraschend. Plötzlich wird ein bisher unwichtiges Detail wahrgenommen oder ein Gedanke kommt blitzartig zum Vorschein. Konkrete Ideen werden entwickelt.

Beispiel

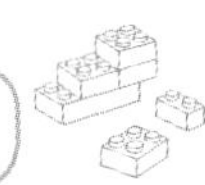

Frieda kehrt zu ihrem Bild vom Haus zurück. Sie betrachtet das mit hellen und freundlichen Farben gemalte Gebäude, das wie neu aussieht. Ihr fällt das Lebkuchenhaus der Hexe aus *Hänsel und Gretel* ein, das Flickenmuster, die dunkle Farbe. Frieda hat nun eine Idee.

vierte Phase: Verifikation

In der Verifikationsphase werden die entstandenen Ideen geprüft und verwirklicht. Dafür sind Konzentration und Zielstrebigkeit notwendig.

Beispiel

Frieda geht zielgerichtet zur Materialkiste. Sie sucht nach den Papierresten und bittet um Klebstoff. Ganz auf sich und ihr Werk konzentriert, klebt sie viele dunkle Papierfetzen auf ihr Hexenhaus (Abb. 8). „Schön gruselig, wo meine Hexe wohnt, oder?", wendet sie sich dann lächelnd an ihre Freundin.

Abb. 8: Zweiter (modifizierter) Entwurf eines „Hexenhauses"

Flow-Erleben

Welche Bedingungen braucht es, damit ein Kind in jenen Zustand glücklicher Selbstvergessenheit im kreativen Prozess gerät, in dem alles wie von selbst gelingt, also in den Zustand, den Csikszentmihalyi (2021) als *Flow* (engl. flow = fließen) bezeichnet? Jedes Kind kann seinen eigenen kreativen Weg finden und einen *Flow* erleben, sofern man ihm Gelegenheiten, gute Bedingungen und vor allem die Zeit gibt, seinen eigenen Rhythmus für eine kreative Tätigkeit zu entdecken. Als grundlegende Elemente dieser Freude im kreativen Prozess werden die folgenden Merkmale beschrieben:

- klare Ziele (das Wissen darüber, was getan werden muss),
- unmittelbares Feedback (selbst zu wissen, ob das eigene Handeln richtig ist)
- Gleichgewicht zwischen Aufgaben und Fähigkeiten (weder Unter- noch Überforderung),
- Selbstvergessenheit (ein Aufgehen in der Tätigkeit) und

- eine Aufhebung des Zeitgefühls (die gefühlte Zeit stimmt nicht mit der kalendarischen Zeit überein, sondern ist vom Handeln abhängig).

Motivierende Angebote durch die pädagogische Fachkraft, in denen Kinder weitgehend ihren eigenen Rhythmus in den Phasen des kreativen Prozesses finden und umsetzen können, sind dementsprechend Grundvoraussetzung für erfolgreiches kreatives Arbeiten im *Flow*.

Organisation kreativen Arbeitens

Eine scheinbar unendliche Fülle an Materialien, Werkzeugen, Handlungsmöglichkeiten und Techniken steht bei künstlerisch-kreativen Tätigkeiten zur Verfügung. In der Kindertageseinrichtung kann das Kind aus dem Angebot wählen, das die pädagogische Fachkraft bereitstellt.

Die Entscheidungen der pädagogischen Fachkraft für ein bestimmtes Materialangebot, Arbeitstechniken und Aufgabenstellungen, aber auch deren eventuelle Reduzierung sind auf die Förderung des Kindes und seiner Kreativität ausgerichtet. Sie müssen an die individuellen Besonderheiten jedes Einzelnen angepasst werden. Diese Überlegungen wirken so zum einen steuernd, verhindern aber auch eine Überforderung des Kindes, die sich hemmend auf seine Kreativität auswirken kann.

Tipp

Um Überforderungen zu vermeiden sowie zum Schutz der Kinder, kann eine begründete Beschränkung des Materials sinnvoll sein. Dadurch wird eine Fokussierung auf den kreativen Gestaltungsprozess ermöglicht (Impuls 25: Blaue Stunde).

Neugier wecken

Die pädagogische Fachkraft kann mit der Einführung einer neuen Technik oder einem neuen Verfahren kreative Prozesse in Gang setzen. Durch die Möglichkeit, den Gebrauch von Werkzeugen und Materialien zu üben, wird eine sichere Handhabung garantiert. Neugier und Interesse des Kindes dafür zu wecken, sich auszuprobieren, Neues zu untersuchen und zu erfinden, kann durch verschiedene Techniken des Gestaltens erreicht werden.

Erfahrungen durch Techniken sammeln

Kenntnisse über unterschiedliche bildnerische Arbeitstechniken ermöglichen es den Kindern, Vorteile einzelner Techniken gegenüber anderen Vorgehensweisen zu erkennen und diese in der künstlerisch-kreativen Arbeit zu nutzen. Es ist daher unerlässlich, Erfahrungen mit verschiedenen Techniken zu sammeln. Wenn Kinder ihre Sachkompetenz z.B. beim Drucken erweitern und positiv vom Ergebnis der eigenen Arbeit überrascht sind, sind sie motiviert, sich weiter auszuprobieren. Eine solche Möglichkeit bietet beispielsweise die Monotypie.

Definition

Monotypie (Einmaldruck) ist eine effektvolle und einfach durchzuführende Drucktechnik. Der Druck entsteht, wenn direkt auf eine glatte Fläche, z.B. Glas-, Acryl- oder Metallplatten, Farbe aufgetragen und mit dieser bzw. in diese gezeichnet wird, bevor durch das Auflegen des Papiers ein Abdruck entsteht. Es ist auch möglich, auf eine mit Farbe eingestrichene Druckplatte gleich das Papier zu legen. Auf diesem wird dann gezeichnet. Beim Abziehen des Blattes erscheint die Zeichnung spiegelverkehrt. Ein zügiges Arbeiten garantiert überraschende Ergebnisse und regt zu kreativem Ausprobieren an.

Beispiel

In der Vorbereitung des Raumes für eine Monotypie werden auf einem Materialtisch Druckwalzen, Papiere und Glasplatten (A5) oder andere glatte Flächen bereitgelegt (Abb. 9). Die Arbeitstische sind abgedeckt. Eventuell hängen bereits mehrere Monotypien verhüllt im Raum. Die Veränderung der Umgebung in eine Werkstatt regt die Kinder an. Bereits beim Betreten des Raumes bemerkt die pädagogische Fachkraft deren Erwartungshaltung (Impuls 38: Ichmachdichschlaubaum – eine Monotypie).

Abb. 9: Werkzeuge und Materialien zum Herstellen von Monotypien

Individualisierung durch Fachwissen

Fühlt sich die pädagogische Fachkraft selbst von den ausgewählten Materialien und Techniken angesprochen, kann sie kreative Prozesse bei Kindern besser initiieren und unterstützen. Es ist für jeden Gestaltungsprozess erforderlich, dass sie sich Fachwissen zu Material, Technik und Verfahren aneignet. Probiert die Fachkraft selbst die Technik aus, werden ihr Probleme im Arbeitsablauf deutlich. Diese können beim späteren Gestalten der Kinder, z.B. durch individualisierte Aufgaben sowie handlungsbegleitendes Sprechen beim Ausführen einzelner Schritte, vermieden werden.

Beispiel

Die pädagogische Fachkraft plant eine Grafik zum Thema Monsterparade. Jedes Kind kann dabei sein Monster mit den Zeichenmaterialien Rötel oder Kohle zu Papier bringen. Im Planungsprozess probiert die pädagogische Fachkraft das Material und die Arbeitsschritte aus (Abb. 10). Sie erkennt, dass Luca (3;7 Jahre) das Zeichenmaterial möglicherweise zerbrechen wird, was demotivierend wirken könnte. Deshalb hält sie für Luca ein Ausweichangebot (kürzere Kohlestücke, Kohle- oder Rötelstift) bereit.

Abb. 10: Werkzeuge und Materialien zum Herstellen von Grafiken

Erfolge schaffen

Das Potenzial kreativer Übungen zeigt sich beim Gestalten im Stolz der Kinder auf Gelungenes. Besonders ausgeprägt ist diese Freude über den Erfolg einer (zielgerichteten) kreativen Tätigkeit, wenn Kinder bei Schwierigkeiten nicht aufgegeben haben und ihre Arbeit von anderen Kindern als Anregung aufgenommen wird.

Beispiel

Hanna (5;9 Jahre) hat für sich die Abklatschtechnik entdeckt. Sie trägt mit dem Pinsel Farbtupfer im mittleren Bereich eines auseinandergefalteten Blatt Papiers auf. Dann faltet sie das Blatt wieder zusammen und streicht darüber. Im Anschluss öffnet sie es, betrachtet ihr Werk und wiederholt mit einem neuen Blatt die Arbeitsschritte. Beim vierten Versuch ruft sie begeistert: „Endlich, ein Schmetterling (Abb. 11)!" Die Fachkraft bestärkt Hanna: „Prima, Hanna, und wie ausdauernd du heute gearbeitet hast!" Hannas Beispiel regt Max an, sich auch in der Abklatschtechnik auszuprobieren. Hanna räumt ihren Platz auf und ist stolz, als sie Max bei Fragen zu Material und Technik hilfreich zur Seite stehen kann.

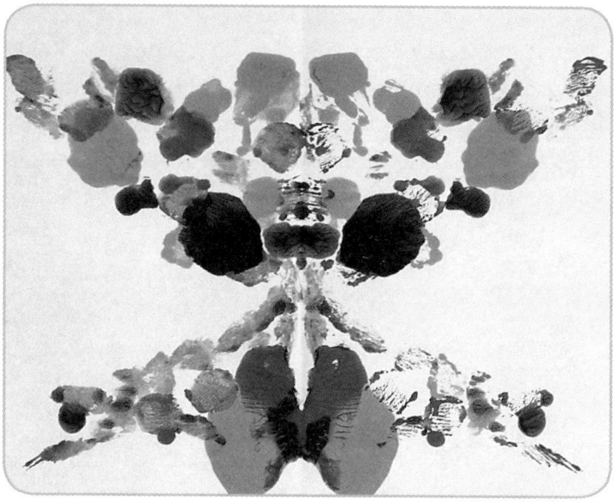

Abb. 11: Schmetterling in Abklatschtechnik

3.2 Spezifische Alltagssituationen

In den folgenden Ausführungen werden einige täglich wiederkehrende Situationen in Kindertageseinrichtungen aufgegriffen, um den Blick für darin liegende Potenziale zur Förderung von Kreativität zu schärfen. Sich wiederholende Routinen und Formate geben einerseits Sicherheit, schaffen andererseits aber auch Raum für Exploration und Lernerfahrungen. Damit eröffnen sich immer wieder Möglichkeiten, geplant oder spontan, im Alltag der Kindertageseinrichtung kreativ zu sein.

Es geht nicht darum, in jeder Situation alle möglichen didaktisch-methodischen Elemente anzuwenden oder in jeder Situation alle kreativen Kompetenzen zu fördern. Vielmehr ist das Ziel, über ein variables Repertoire zu verfügen, um Alltagssituationen abwechslungsreich zur Förderung kreativer Kompetenzen zu gestalten.

Begrüßung

Was & Warum? Die Begrüßung nimmt Einfluss auf den gesamten Tagesablauf des Kindes in der Einrichtung: Mit ihr vollzieht das Kind einen täglich wiederkehrenden Übergang aus seinem familiären Umfeld in eine andere Welt. Für das Kind stellen sich bereits vor dem Betreten der Kindertagesstätte viele Fragen:

- Wer begrüßt mich heute?
- Wo und wie werde ich in Empfang genommen?
- Welche Kinder sind heute da?

Die Antworten auf diese Fragen können mitentscheiden, ob das Kind an diesem Tag kreativ werden kann.

Beispiel

Draußen ist es noch dunkel. Sina (4;0 Jahre) kommt mit ihrer Mutter in die Kindertageseinrichtung. Auf dem Flur sind zum ersten Mal die Fotos der letzten Wanderung ausgestellt. Sina entdeckt sich: „Schau mal, Mama! Da bin ich mit Ole. Ob wir nachher auch wieder nach draußen gehen?“ Die pädagogische Fachkraft greift Sinas Vorschlag auf: Im Morgenkreis werden die Ideen der Kinder gesammelt, wohin die nächste Wanderung gehen könnte.

Die Begrüßung bietet demnach erste Möglichkeiten für kreative Impulse und kreatives Tun.

Gelegenheit zur Beobachtung

In der Begrüßungssituation hat die pädagogische Fachkraft eine erste Gelegenheit zur Beobachtung und Erfassung der Stimmung des Kindes und seiner Leistungsfähigkeit an diesem Tag (Kap. 1.2).

- Ist das Kind heute körperlich und emotional in der Lage, die vorbereitete kreative Umgebung zu nutzen?
- Welche Unterstützungs- oder Motivationsfaktoren sind notwendig?

Häufig gilt es, spontan eine Lösung für die konkrete Ausgangslage oder Tagesform des Kindes zum Zeitpunkt der Begrüßung zu finden.

Beispiel

Theo (2;7 Jahre) bringt stolz sein neues Auto mit in die Kindertageseinrichtung, um es seiner pädagogischen Fachkraft zu zeigen. Da es nur am Spielzeugtag erlaubt ist, eigenes Spielzeug mitzubringen, darf das Auto den Gruppenraum leider nicht befahren. Theo weigert sich, seiner Mutter das Auto wieder mitzugeben. Die Fachkraft stellt in Theos Fach einen Schuhkarton als Garage. Dort kann sein Auto darauf warten, mit Theo gemeinsam wieder abgeholt zu werden. Theo betritt nun frohgemut den Gruppenraum.

Wenn ein Kind schon in der Begrüßungsphase in der Kindertagesstätte erfährt, dass es willkommen ist und dass es mit seinen individuellen Besonderheiten in Empfang genommen wird, ist es motiviert, sein kreatives Potenzial zu nutzen.

einladende Räume Die kindgerechte Gestaltung des Einrichtungsgebäudes sowie der einzelnen Räume nimmt schon bei der Begrüßung Einfluss auf das Kind. Materialien, die an den Interessen der Kinder orientiert sind, regen diese an und fordern sie in ihrer Kreativität heraus.

Beispiel

Der Vater bringt Albert (3;8 Jahre) und dessen kleine Schwester am Morgen in die Kindertageseinrichtung. Albert möchte sich an diesem Tag ungern ausziehen. Im Garderobenraum nutzt der Vater die ausgestellten Bilder: „Schau mal, Albert, dein Bild mit dem blauen Auto ist wirklich schön geworden." Zuversichtlich ergänzt er: „Bestimmt macht ihr heute auch wieder etwas Tolles! Das erzählst du mir dann, ja?"

Mit der Ausstellung der Bilder verdeutlicht die pädagogische Fachkraft ihre Anerkennung der künstlerisch-kreativen Arbeit des Kindes. Für den Vater wird dadurch in der Übergangsphase die Wertschätzung des Autobildes seines Sohnes möglich. Durch diese positive Rückmeldung empfindet Albert Stolz und wird z. B. in seinem kreativen Selbstkonzept unterstützt.

Während der Begrüßung haben die pädagogische Fachkraft und die Begleitpersonen des Kindes die Möglichkeit, wenn oft auch nur sehr kurz, in Kontakt zu treten. Ein kurzer Hinweis durch die Begleitperson an die pädagogische Fachkraft oder eine Antwort auf Fragen zur Tagesform des Kindes können zum wichtigen Impuls werden.

Beispiel

Die Trennung von der Großmutter fällt Hendrike (4;1 Jahre) nach dem Urlaub schwer. Sie geht nicht, wie gewohnt, freudig auf die Kinder zu. Hendrike versteckt sich hinter ihrer Oma. Die pädagogische Fachkraft nutzt die Handpuppe Maxi, die Hendrike begrüßt. Das Mädchen wird neugierig und kommt langsam hervor. Die Situation entspannt sich, weil das Kind die Handpuppe selbst führen möchte. Am Tag darauf fragt Hendrike gleich am Morgen, ob Maxi heute auch wieder zur Begrüßung kommt.

Zum Weiterlesen

Franz, M. (2020): Begrüßung und Abschied in der Kita. Für Teams. 33 Fotoimpulse. Nachdenk-Fragen. Don Bosco Medien, München

Den Morgenkreis kreativ gestalten

Was & Warum?

Im Morgenkreis treffen alle Kinder einer (Stamm-)Gruppe oder der ganzen Einrichtung aufeinander. Die Kinder können sich und die pädagogische Fachkraft bei diesem – oft als Ritual gestalteten Tagesabschnitt – gegenseitig ansehen. Diese gerichtete Aufmerksamkeit ermöglicht es jedem Einzelnen, sich einzubringen in einen Tag, der viele Chancen eröffnet, kreativ zu werden. Der Morgenkreis stellt häufig den Start des Alltages in der Kindertageseinrichtung dar und erfüllt unterschiedliche Funktionen, die auch auf die Kreativität des Kindes Einfluss nehmen: Er dient dem Wiedererkennen der verschiedenen Einstiegsrituale in den Tag, dem Anschluss an eine gemeinsame Aktivität vom Vortag oder an Ereignisse vom Wochenende, dem Kontaktknüpfen, der Absprache von Plänen, Aufgaben und Zielvorstellungen, dem Wiederholen von Gruppenregeln, dem Visualisieren von Tagesstrukturen und dem Einordnen des beginnenden Tages. In seiner Regelmäßigkeit bringt der Morgenkreis eine gewisse Routine und Sicherheit und stärkt das Miteinander der Kinder in der Gruppe.

Routinen & Kreativität

Ein akustisches Signal, ein spezielles Lied, ein Gong oder ein besonderes Klatschen werden genutzt, um den Kreis einzuleiten. Gemeinsames Singen (z. B. das Singen der Namen der anwesenden Kinder, von Begrüßungsliedern oder Geburtstagsliedern) oder Musizieren (z. B. rhythmisches Begleiten, Einsatz von Orff-Instrumenten) sowie Bewegungsgeschichten und -lieder tragen dazu bei, dass sich die Kinder in der Kindertageseinrichtung wohlfühlen. Schon hier haben die Kinder Gelegenheit, sich mit ihren Ideen einzubringen. Sie entwickeln z. B. neue Melodien, Rhythmen oder Reime. Ein Impuls zur Entwicklung ihrer Kreativität ist geschaffen. Die Kinder sind mit dem vereinbarten Signal eingeladen, ihren Platz in der Runde einzunehmen.

Bei Gesprächen im Kreis wandert vielleicht ein Erzählstein herum. Zum „Regelwächter" können die Kinder auch ein Plüschtier oder eine Handpuppe bestimmen. Ein rotes rundes Zeichen (wie ein Verbotsschild) visualisiert eventuell das Ende einer Redezeit (Impuls 15: Lauter Schilder – immer wilder). Ein kleiner Ball kann von einem Kind zum nächsten Kind gerollt werden, um anzuzeigen, welches Kind als nächstes sprechen darf. Der Morgenkreis zeigt dem Kind, dass es in der Einrichtung willkommen ist und die Möglichkeit hat, sich auszudrücken und mitzuteilen.

Bestandsaufnahme

Mit dem Morgenkreis bietet sich für die pädagogische Fachkraft auch die Gelegenheit für eine „kleine Bestandsaufnahme" zur weiteren Tagesgestaltung, z. B.: Wer ist da? Und wer nicht? Welche Aktivitäten können heute durchgeführt werden? Was ist aufgrund der aktuellen Umstände nicht möglich? Wie kann sich jedes Kind an diesem Tag kreativ entfalten?

Beispiel

Es ist kalt. Die Haut vieler Kinder ist gerötet vom Frost. Im Morgenkreis trägt die pädagogische Fachkraft *Die drei Spatzen* von Christian Morgenstern (2021) vor. Die Kinder erhalten so einen Impuls, der von der aktuellen Wetterlage ausgeht und förmlich zum Gestalten mit Farben oder Ton auffordert.

Anregung im Morgenkreis

Dem Morgenkreis kommt auch eine impulsgebende Rolle für die Kreativitätsförderung zu, indem Einstiegsrituale abgewandelt werden. Er lässt viel kreativen Spielraum, um Aktivitäten an das Alter der Kinder und ihre Bedürfnisse oder thematisch an die Jahreszeiten oder Feiertage (z. B. Weihnachten, Ostern) anzupassen.

Ein impulsgebender Morgenkreis muss vorbereitet sein. Kennenlernspiele, Rollenspiele, Bücher, aber auch ein Erzählsäckchen und Kunstwerke können Anregungen für das Kreativwerden im weiteren Tagesverlauf der Kindertageseinrichtung geben. Die Kinder dürfen beispielsweise nach dem Wochenende einen kleinen Gegenstand mitbringen, den sie gefunden haben. Alle haben ihr Fundstück vor sich liegen. Im Kreis befinden sich Steine, Blätter, Stöcke, Fahrkarten usw. Die Kinder erzählen zu ihren Schätzen. So wird ein selbst gewähltes Mitbringsel zur Grundlage für das Beschreiben, Erzählen oder Berichten. Die kleinen Gegenstände beflügeln die Fantasie der Kinder. Möglicherweise entsteht die Idee einer Ausstellung für den Elternabend. Die Kinder setzen sich mit ihrem Gegenstand neu auseinander. Sie bringen die Teile vielleicht in einen anderen Zusammenhang und werden dabei kreativ.

Beispiel

Pia (4;8 Jahre) nutzt einen gefundenen Stein als Druckstock. Manuel (3;7 Jahre) setzt aus Bausteinen eine Kiste für seinen mitgebrachten Schatz, eine Kastanie, zusammen. Ömer (4;9 Jahre) benötigt für das Fixieren seines schönen Ahornblattes Klebestreifen. Der Galerieaufbau zu den Fundstücken zeigt verschiedene kreative Lösungen der Kinder für die Präsentation.

Wenn unterschiedliche Materialien und Techniken zur Verfügung stehen, kann das Kind auswählen und sich entscheiden, wie oder was es gestalten möchte. In der Gemeinschaftsarbeit kann auch eine Collage oder eine Assemblage aller Gegenstände entstehen (Impuls 10: Das verzauberte Spielzeug).

Definition

Bei einer Assemblage handelt es sich um eine dreidimensionale Darstellung. Die räumliche Wirkung entsteht, weil verschiedene Materialien und Gegenstände auf einer Fläche zusammengestellt werden. Dabei kann wie bei einer Collage geklebt, gebaut oder montiert werden.

Zum Weiterlesen

Hubrig, S. (2019): Morgenkreisspiele für die Kita. Verse, Lieder, Spiele und Geschichten passend zur Jahreszeit. Cornelsen, Berlin

Zimmer, L. (2022): 101 kreative Ideen für den Morgenkreis im Kindergarten. Kinder spielerisch fördern mit abwechslungsreichen und spannenden Ideen für jede Jahreszeit, Feiertage und Projektthemen. Eigenverlag

Freispiel

Was & Warum?

Es gibt bis heute wenig gesicherte Erkenntnisse zu den Auswirkungen des freien Spiels auf das Lernen bzw. auf die kindliche Entwicklung (Pohl 2014). Sicher ist jedoch, dass Kinder im Freispiel ihre Möglichkeiten nutzen, um mit Erlebnissen, Erkenntnissen, Problemen umzugehen und ihnen Ausdruck zu verleihen. Dies ist auch eine Grundlage für das ästhetische Gestalten. Denn zum schöpferischen Tun gehören das eigenaktive, fantasievolle Denken, Forschen und Erfinden – das alles ermöglicht das freie Spiel, das in den Alltag der Kindertageseinrichtungen bewusst integriert wird. Den pädagogischen Fachkräften bieten sich hier wiederum Gelegenheiten, das Forschen, Entdecken, Spielen, Interagieren und Kommunizieren der Kinder zu beobachten und behutsam durch Anregungen zu fördern.

Beispiel

Leo (5;9 Jahre) kommt später als gewöhnlich in die Kindertageseinrichtung. Die Fachkraft begrüßt ihn. Leo schaut sich um und zögert: Was soll er jetzt spielen? Hat er schon eine Idee? Welches Spielzeug interessiert ihn? In der Bauecke entsteht mit Holzbausteinen eine Dominobahn. Jano (6;1 Jahre) ruft: „Hallo Leo, baust du wieder mit?" Am Fenster malen zwei Kinder mit Stiften. Hinter einem Vorhang verkleiden sich Kinder. An einem Tisch entstehen Mosaike. Heute ist der Platz am Bücherregal frei. „Schau dich ruhig erst einmal um, Leo", ermuntert die Fachkraft das Kind, „bevor du entscheidest, was du heute spielen möchtest!" Leo durchquert den Raum. Manchmal verweilt er ein wenig. Er beobachtet die Kinder. Wird Leo auf Janos Aufforderung eingehen? Leo kann das selbst entscheiden, denn es ist Zeit für freies Spiel, für *sein* Spiel.

Ob die Freispielphase einen kreativen Prozess auslöst oder im freien Spiel ein kreatives Produkt entsteht, ist offen. Aber bereits durch die Wahl seines Spiels trifft das Kind selbständig eine Entscheidung. Seine schöpferische Kraft ist gefragt, wenn bestimmte Spiele oder Materialien mit selbst gewählten Spielpartnern genutzt werden.

Rolle der pädagogischen Fachkraft

Das Freispiel ist nicht damit gleichzusetzen, dass das Kind in seinem kreativen Spiel frei von Betreuung oder Aufsicht ist. Vielmehr ist es nach Textor (2007) für die Entwicklung des Kindes unerlässlich, dass die pädagogischen Fachkräfte

- selbst zum Spiel und zur Kommunikation mit den Kindern zur Verfügung stehen,
- den Bereich (innen/außen) für das Freispiel vorbereiten oder anreichern,
- den Kindern Anregungen zum Spielen bieten,
- für eine angenehme und ruhige Atmosphäre sorgen,
- mit den Kindern Regeln besprechen,
- den Spaß am Spielen erhalten und
- die Spiele möglichst nicht unterbrechen.

Tipp

Die pädagogische Fachkraft sollte den Kindern auch in der Freispielphase als Spiel- und Ansprechpartner zur Verfügung stehen. Den Ideen der Kinder ist in dieser Phase mit Wertschätzung und Umsicht zu begegnen. So kann ein sicherer und haltgebender Raum geschaffen werden, in dem die Kinder offen das Forschen, Erfinden und den kreativen Umgang mit ihren Ideen wagen können. (Zusätzliche Termine, Absprachen mit KollegInnen oder Eltern in den Freispielphasen sollten selbstverständlich in dieser Zeit nicht stattfinden.)

Der Balanceakt besteht für die pädagogische Fachkraft also darin, die Kinder im Freispiel einerseits gewähren zu lassen, ihnen Möglichkeiten für eigene Entscheidungen zuzugestehen, Verständnis dafür zu haben, dass die kindlichen Spielideen und -wünsche nicht den eigenen Vorstellungen entsprechen und andererseits die Spielsituation verantwortungsvoll zu beobachten, die Kinder nicht allein zu lassen, Gefahren zu erkennen und abzuwenden.

Selbstvertrauen

Im Freispiel können Kinder die Materialien für ihr Spiel selbst wählen und kombinieren. Sie konstruieren mit dieser Auswahl ihre eigenen Bauwerke, Theaterstücke, Kunstwerke oder Musikstücke, probieren sich aus, scheitern möglicherweise und versuchen es aus eigenem Antrieb mit der gleichen oder einer anderen Auswahl erneut. Um das Wagnis des Scheiterns einzugehen und den Mut für weitere Versuche zu haben, benötigen die Kinder Vertrauen in sich und ihre Bezugspersonen (Kap. 1.1).

Beispiel

Oskar (6;2 Jahre) hat sich aus dem Fach ein Blatt Papier geholt und probiert eine neue Falttechnik aus. Er ist begeistert von seinem selbst gebastelten Flugzeug (Abb. 12). Oskar lässt den Papierflieger gleich fliegen. Dieser landet aber beim ersten Versuch auf dem Schrank. Oskar schaut hilflos in die Runde: Was nun? Die pädagogische Fachkraft holt den Flieger vom Schrank und lobt die Falttechnik. Der „Flugzeugbauer" Oskar experimentiert nun weiter, ob er durch verschiedene Änderungen am Flugzeug die Flugbahn noch verbessern kann.

Abb. 12: Papierflieger

Angebote im Freispiel

Wenn sich Kinder in Freispielsituationen mit ihrer Umwelt auseinandersetzen und die eigenen Stärken und Grenzen dabei entdecken, sind vorstrukturierte Umgebungen hilfreich, die Raum für eigene Spielideen geben und nicht mit vorgefertigten Spielzeugen überfrachtet sind. Eine systematische Ordnung des Angebots ermöglicht den Kindern einen raschen Zugriff und führt zugleich dazu, dass das spätere Aufräumen zügig und weitestgehend selbstständig umgesetzt werden kann (Kap. 2.3).

Geeignet sind für das Freispiel Materialien, die den Kindern leicht zugänglich sind und ihre Fantasie anregen. Materialkisten können beispielsweise mit Hölzern und Schwämmen bestückt werden. Eine Sammlung an Kostümen, Stoffen und Kleidungsstücken regt zum Verkleiden, zur Modenschau, aber auch zur Umsetzung eigener Rollenspiele an. So probieren sich die Kinder im darstellenden Spiel aus, ohne dabei angeleitet zu werden. Sie setzen Erlebnisse in Szenen um, finden unterschiedliche Lösungsansätze für erlebte Konfliktsituationen oder fühlen sich einfach heldenhaft. Dabei wählen sie durch das Angebot selbst aus, wer und wie sie sein möchten. Auch alltägliche und haushaltsübliche Materialien, z. B. Holzlöffel, können in freien Spielsituationen anregen und dazu führen, dass zu Hause mit ähnlichen Dingen nachgebaut oder weitergespielt wird. Eine besondere Wirkung strahlen häufig selbst gesammelte Naturmaterialien, beispielsweise Tannenzapfen, Stöcke, Hölzer oder auch Steine, aus. Ein solches Angebot gibt den Kindern die

Gelegenheit, eigene Wege zu finden, Gedanken und Ideen auszudrücken, etwas zu untersuchen sowie unbeschwert Neues zu erfinden.

Beispiel

Lilly (5;4 Jahre) ist heute Elsa aus dem Trickfilm *Die Eiskönigin*. Sie hat eine hellblaue Decke in der Kostümkiste gefunden und trägt diese als Umhang. Majestätisch schreitet Lilly alias Elsa durch den Raum. Thea stellt sich ihr in den Weg: „Stopp! Hier geht's nicht weiter. Ich bin Anna.“ Lilly stockt. „Na, klar, du bist es, Anna, meine Schwester!“, wendet sich Lilly an Thea. Dann zeigt sie auf eine Puppe mit weißer Kleidung. „Jetzt müssen wir durch den Zauberwald zu Olaf, unserem Freund, dem Schneemann.“ Sogleich huschen die Mädchen durch den Raum zur weiß gekleideten Puppe.

Tipp

In neuen Spielräumen müssen mit den Kindern mögliche Probleme vor dem Freispiel geklärt werden. Vorab besprochene Regeln, z.B. „Bis wohin?“ und „Was darf nicht sein?“, helfen, dass die eigentliche Spielphase nicht unterbrochen wird. So können Gefahren ausgeschlossen werden. Der kreative Prozess erhält eine Chance.

Freispielphasen bieten bereits durch das selbstständige Erkunden neuer Räume immer wieder Chancen, die Welt neu zu betrachten und zu gestalten.

Die Initiierung kreativer Prozesse durch die pädagogische Fachkraft ist im Alltag abhängig von

- individuellen Voraussetzungen der Kinder (kindliche Persönlichkeit, Interessen, gesundheitliche Besonderheiten, Entwicklungsstand),
- der Planung des Tages in der Einrichtung und ihren Möglichkeiten (örtliche, finanzielle und materielle Gegebenheiten) und
- Situationen, in denen spontan reagiert werden muss.

Beispiel

Anatol (3;5 Jahre) und Aram (5;5 Jahre) haben am Wochenende zu Hause an Weihnachtsgestecken gebastelt. Da noch einige Zweige, Kugeln und Kerzen übrig waren, bringen sie sie am Montag mit in die Kindertageseinrichtung. Voller Freude stürmen sie in den Raum und berichten ihrer pädagogischen Fachkraft davon. Diese nimmt das Engagement der beiden auf und schmückt am Vormittag gemeinsam mit den Kindern einen Weihnachtskranz für die Einrichtung.

Zum Weiterlesen

Fink, M. (2021): Freispiel Impulse. Malen und Gestalten. Herder, Freiburg im Breisgau

Kowolik, B. (2015). Kita-Kinder machen Theater. Kreative Ideen für Krippe und Kindergarten. Verlag an der Ruhr, Mülheim an der Ruhr

Gemeinsame Mahlzeiten kreativ gestalten

Was & Warum?

Gemeinsame Mahlzeiten dienen in der Kindertageseinrichtung nicht nur einer ausgewogenen Ernährung, sie stellen auch ein gelenktes Treffen aller Kinder dar, das zumeist ritualisiert und nach bestimmten Regeln abläuft. Mahlzeiten sind feste Termine im Tagesablauf, die die Kindergruppe zusammenführen, um gemeinsam zu essen. Dabei kann viel gelernt werden. Mehr noch als den Hunger zu stillen und den Durst zu löschen, dienen diese Begegnungen dem Zugehörigkeitsgefühl, dem gemeinsamen Genuss und dem Zusammenhalt der Kinder untereinander. Obwohl die gemeinsamen Mahlzeiten losgelöst von Spiel-, Sport- und Bastelphasen und damit scheinbar unabhängig von der kreativen Arbeit stattfinden, können sie Ausgangspunkt, Mittelpunkt, Ergebnis und Abschluss kreativen Arbeitens sein.

Genuss mit allen Sinnen

Essen bedeutet, mit allen Sinnen zu genießen, indem das Aussehen des Essens, seine Konsistenz und sein Geschmack erforscht, Lieblingsessen entdeckt und neue Kombinationen aufgespürt werden. Damit ermöglichen gemeinsame Mahlzeiten auch ästhetische Erfahrungen.

Beispiel

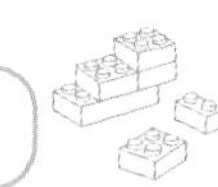

Die Kinder kommen vom Außengelände zum Mittagessen in die Kindertageseinrichtung. Schon beim Betreten des Gebäudes ruft Sophie: „Das riecht so gut! Ich glaube, heute gibt es Nudeln und Tomatensoße. Lecker! Das ist mein Lieblingsessen."

Essen ist mit differenzierten sinnlichen Erfahrungen wie dem Sehen, dem Schmecken, dem Fühlen und dem Hören verbunden. Auf diese kann das Kind auch im kreativen Tun zurückgreifen.

Verschiedene Geschmäcker

Da sich über Geschmack bekanntlich nicht streiten lässt und Geschmäcker verschieden sind, sollte mit den Kindern Folgendes thematisiert werden:

- Was isst der oder die andere besonders gern?
- Wie schmeckt diese Frucht?
- Was bedeuten Geschmacksrichtungen wie süß, sauer und salzig sowie Temperaturen wie heiß und kalt?

- Welche Formen und Farben können wir im Essen erkennen?
- Wie viel rotes, grünes oder gelbes Essen fällt uns ein?
- Wie hört es sich an, wenn eine Nuss geknackt wird, wie, wenn eine Möhre geschält oder der letzte Rest aus einem Glas mit dem Strohhalm getrunken wird?

Beispiel

Es ist Zeit für eine kleine Obstpause: Ein Obstsalat soll entstehen. Bananen, Äpfel, Mandarinen, Erdbeeren, Kiwi etc. stehen auf einem Tisch bereit. Kleine Schüsseln sollen es jedem Kind ermöglichen, sich seinen kleinen Salat selbst zusammenzustellen. Die Kinder benennen die Früchte. Sie drücken ihre Empfindungen zum Aussehen (Farbe und Form), zum Geschmack und zum Geruch aus. Die Kinder tauschen ihre Wahrnehmungen untereinander aus und vergleichen sie: Hedi (5;2 Jahre) mag Bananen nicht gern. „Wenn du Banane und Erdbeere in deinen Salat nimmst, schmeckt das richtig gut. Probier‘ mal!“, ermuntert Lina (5;6 Jahre). Hedi legt in ihr Schälchen zwei Apfelscheiben, zwei Erdbeeren und ein winziges Scheibchen Banane. Beim Essen am Tisch stellt Lina fest, dass ihr Obstsalat der beste Obstsalat ist, den sie je gegessen habe. Hedi findet die Banane im Salat nicht so toll und will bei der nächsten Portion Kiwi, Erdbeeren und Apfel wählen.

Hier isst also nicht nur das Auge mit. Obst, Gemüse und andere Nahrungsmittel anhand von Farbe und Form zu unterscheiden, erweitert nicht nur den kognitiven Horizont, sondern fördert ganz grundlegend das bewusste Wahrnehmen der näheren Umgebung. Die differenzierte Beschreibung des kulinarischen Genusses begünstigt die Entwicklung sprachlicher Kompetenzen und ermöglicht zugleich, einen eigenen Geschmack zu entwickeln. Und das führt zu grundlegenden Erfahrungen für die Kreativität.

Kreativ beim Kochen und Backen

Kochen und Backen sind selbst kleinen Kindern nicht fremd. Aus der heimischen Küche bringen sie persönliche Erfahrungen zur Zubereitung von Speisen und zu deren Verzehr in die Kindertageseinrichtung mit. Ganz selbstverständlich greifen sie auf diese im Spiel zurück. Der Sandkasten oder die Kochstelle in der Spielecke sind Orte, an denen die fantasievollsten Gerichte gezaubert werden. Dies findet nicht immer unter Gesichtspunkten wie „Ist das gesund?“, „Wo kommen die Nahrungsmittel her?“ oder „Wie werden die Gerichte zubereitet?“ statt, aber die Kinder agieren sehr kreativ in ihrem Spiel. Das nötige Wissen und Können zur gesunden Ernährung zu vermitteln, ist ein Schwerpunkt der Bildungsarbeit der Kindertageseinrichtungen. Aus diesem Grund ist es hilfreich, wenn die Kinder so oft wie möglich die Chance bekommen, selbst bei der Zubereitung von Speisen tätig zu werden. Das beginnt vielleicht mit der Ernte von Früchten und Kräutern im eigenen

Garten der Einrichtung oder auf der Fensterbank. Sicherheit und Hygiene dürfen beim Umgang mit Nahrungsmitteln und Kochutensilien nicht außer Acht gelassen werden. Die eigenen Erfahrungen beim Reinigen, Lagern, Putzen, Schälen, dem Reiben unterschiedlicher Obst- und Gemüsesorten sowie das Kneten eines Teiges erweitern die Fähigkeiten und Fertigkeiten der Kinder. Wenn Feste vorbereitet werden, sind Kinder meist gern bereit, in der Küche zu helfen. Beim Plätzchenbacken zeigt sich beispielsweise ihre Kreativität im Schmücken der Kekse.

Gerichten können kreative Namen und Formen gegeben (z.B. Monster-Toast, Melonen-Wal, Steckbausteine-Kuchen mit Smarties) oder das Essen kann thematisch gestaltet werden. Anregungen gibt es in unterschiedlichen Koch- und Backbüchern für Kinder (z.B. zum Thema Märchen: einen Lebkuchen backen und gestalten zu *Hänsel und Gretel*, einen Gries- oder Hirsebrei kochen zu *Der süße Brei* oder einen Möhrensalat zum Kinderreim von *Die kleine Hex'* zubereiten). Der Fantasie sind kaum Grenzen gesetzt.

Gestaltung von Mahlzeiten

Mit der Gestaltung der gemeinsamen Mahlzeiten kann ein Ausgangspunkt für kreatives Arbeiten geschaffen werden. Die Fantasie wird angeregt, wenn beispielsweise erfragt wird, wie denn wohl KönigInnen tafeln oder wie ein Festmahl für Waldgeister oder WikingerInnen aussehen würde. Der Tisch kann dementsprechend unterschiedlich gedeckt werden, die Gerichte können thematisch variieren, ebenso wie die Tischsprüche und -regeln (Impuls 9: Märchenhafte Tafel).

Zum Weiterlesen

Scheffler, U. (2020). Mein Märchenkochbuch. Traumhafte Rezepte für kleine Hexen, große Zauberer und Küchenzwerge. Anaconda, Köln

Bilderbuchsituationen kreativ gestalten

Was & Warum?

Ob Sachbuch, Märchenbuch oder Geschichten – Bücher können viele Bereiche der kindlichen Entwicklung miteinander vernetzen und zur Kreativität anregen. Mit einer Geschichte kann man in eine andere Welt eintauchen, sich mit einzelnen Charakteren und Figuren identifizieren und andere ablehnen. Bilder und Worte wecken Interesse, lösen Assoziationen oder Emotionen aus, regen zum Tagträumen an oder können helfen, stellvertretend Konflikte oder Probleme zu bewältigen. Womit ein Buch zum Impuls für kreatives Tun wird oder werden kann, ist sehr unterschiedlich.

Beispiel

Es liegen mehrere Bücher zum Thema „Vögel im Winter“ auf einem Tisch. Einige Kinder benennen Vögel, die sie am Vogelhaus bereits beobachtet haben. Die verschiedenen Tiere werden auf den Illustrationen anhand ihrer Merkmale wiedererkannt. Ganz selbstständig wenden die Kinder dabei ihr Wissen an. Plötzlich steht Michel (4;1 Jahre) auf. Er holt sich ein Blatt und Farbe und beginnt, in der Kreativecke zu malen. Asta (5;5 Jahre) kommt vorbei und fragt: „Du hast ja einen großen Baum gemalt. Warum ist der Spatz auf der Spitze ganz blau?“ Michel erklärt: „Das ist doch eine Blaumeise (Abb. 13). Sie fliegt gleich los, weil sie Futter sucht.“

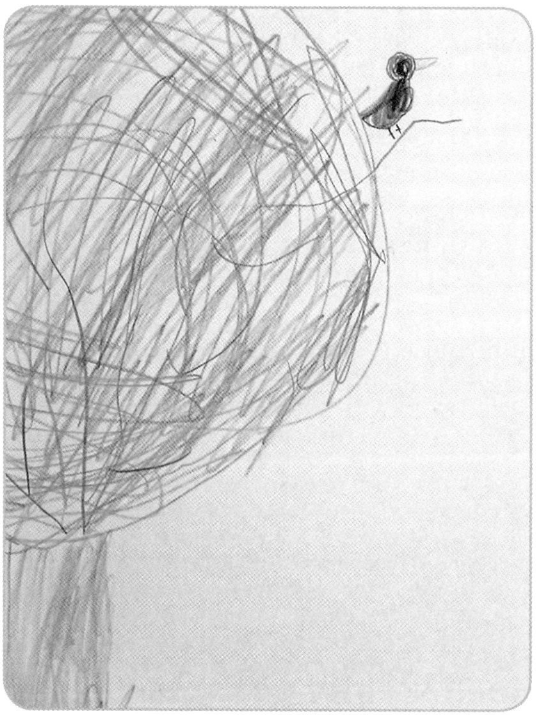

Abb. 13: Blaumeise auf einem Baum (Zeichnung)

Bilderbücher laden die Kinder ein, sie zu betrachten sowie ihre Texte kennen und verstehen zu lernen. Durch die Beschäftigung mit Büchern ergeben sich Impulse für kreative Prozesse. Bücher sind also auch aus dem Alltag der Kindertagesstätte nicht wegzudenken, weil sie auf spezielle und zugleich vielfältige Weise für die Entwicklung der Kinder förderlich sind. Vielleicht nutzt das Kind Bücher selbstständig für seine schöpferische Tätigkeit in einer Freispielphase. Die Beschäftigung mit dem Buch macht es dem Kind möglich, sich in einer anderen Welt wiederzufinden. Diese Welt kann Grundlage sein, selbst kreativ zu werden.

Tipp

Damit Bücher zu Freunden der Kinder werden können, sind die örtlichen Gegebenheiten zu beachten (Bibliothek, Buchhandlungen, etc.). Zusätzlich bieten unterschiedliche Stiftungen (z.B. Stiftung Lesen) auch kostenlose zeitgemäße Literatur für Kinder unterschiedlichen Alters an. Die pädagogische Fachkraft überprüft vor dem Einsatz von Literatur, ob Inhalt und Illustration eines Buches die Kinder ansprechen könnten und für ihre Entwicklung förderlich sind. Die Auswahl der Bücher orientiert sich dabei an den Interessen und Entwicklungsbesonderheiten der einzelnen Kinder sowie der gesamten Gruppe. Hilfreich sind Überlegungen wie:

- Wie können die Kinder in unserer Einrichtung an Bücher herangeführt werden?
- Welches Buch passt zu einem bestimmten Thema oder Projekt (z.B. Bücherkiste)?
- In welchem Rahmen können Lieblingsbücher der Kinder vorgestellt werden?
- Wo und wie lassen sich Bücher im Raum so präsentieren, dass sie gerne von den Kindern genutzt werden? Wie können sie arrangiert werden, um neu wahrgenommen zu werden? Zu bedenkende Möglichkeiten sind beispielsweise ein Bücherregal, eine Leseecke, Angebote wie das Schmökern mit der Taschenlampe, eine Ausstellung zu Lieblingsbüchern sowie regelmäßige Buchvorstellungen.
- Wer kann die Bilderbuchsituationen in unserer Einrichtung unterstützen? Hier kommen zum Beispiel ehemalige Kinder der Einrichtung und „Vorleseomas“ infrage.

Impulse aus Büchern

Beim Vorlesen aus Büchern wird das Zuhören gefördert. Das Vertrauensverhältnis zwischen Kind und pädagogischer Fachkraft als vorlesender Person kann gefestigt werden. Durch den betonten Lesevortrag wird eine Geschichte anschaulich und spannend. Gegenüber dem klassischen Vorlesen ermöglicht das dialogische Lesen den Kindern größeren Raum für eigene Gesprächsbeiträge, indem die pädagogische Fachkraft Fragen äußert und Impulse gibt. Dadurch entsteht ein dialogischer Prozess, indem die kreativen Beiträge von Kindern nicht nur aufgenommen und einbezogen, sondern auch erweitert werden. Außerdem werden die Kinder angeregt, eigene Fragen einzubringen, die Geschichte mit ihren Vorstellungen und bisherigen Erfahrungen zu vergleichen und neue Ideen zu entwickeln (Goller 2017). Im Gespräch mit der Fachkraft wird die Fantasie der Kinder angeregt und es können vielfältige Impulse für kreative Prozesse gegeben werden.

Manchmal sind es auch die Bilder, die anregen. In Bilderbüchern nehmen sie eine bestimmende Rolle ein, über die sich die Kinder Inhalte erschließen.

Für jedes Kind gilt hier: Ich sehe was, was du nicht siehst. Denn die Darstellungen von Menschen, Gegenständen und Situationen in den Büchern wirken auf unterschiedliche Weise. Um das Kind nicht zu unter- oder zu überfordern, ist bereits bei der Auswahl geeigneter Bilderbücher der individuelle Entwicklungsstand zu berücksichtigen. Die Reduktion des Dargestellten kann zur Fokussierung führen, wenn z. B. einzelne Gegenstände abgebildet werden. Andererseits kann ein Wimmelbuch die bewusste Suche nach Gegenständen auf einer Abbildung unterstützen.

Der Zugang zu einem Bild kann sich durch die gewählten Formen und Farben im Zusammenhang mit Erfahrungen, Vorlieben und Fähigkeiten des Kindes einstellen.

Beispiel

In der Kindertageseinrichtung werden gerade verschiedene Märchen gemeinsam entdeckt und erzählt. Heute ist das Märchen *Rotkäppchen* an der Reihe. Mithilfe einer Bildfolge erzählen die Kinder das Märchen nach. Anschließend, beim Umziehen zum Sport, sagt ein Kind plötzlich: „Ich bin heute Blauhöschen.“, und zeigt auf seine blaue Unterhose. Die Kinder lachen und ergänzen: „Grünhöschen“ und „Gelbhemdchen“ machen nun auch Sport.

In diesem Beispiel regt *Rotkäppchen* die Kinder zu ganz neuen Wortschöpfungen an.

Auch der Verlauf einer Geschichte oder ihr Ende wird manchmal von den Kindern neu erzählt. Oder die Kinder verwandeln sich beim szenischen Gestalten zu den Figuren einer Erzählung.

Die visuelle Wahrnehmung einer Illustration kann das ästhetische Empfinden eines Kindes beeinflussen und kreative Prozesse auslösen. Vielleicht prägt sich ein Bild oder ein Kunstwerk so ein, dass es den Erfahrungsschatz des Kindes bereichert und dieses später darauf zurückgreifen kann.

Bücher und ihre kreative Nutzung

Bücher regen also zum Schmökern, Betrachten und zum Sich-Austauschen an. Sie können aber auch im Spiel des Kindes eingesetzt werden.

Beispiel

Enno (5;1 Jahre) sitzt in der Bücherecke. Er sucht in einem Papp-Bilderbuch nach einem Bild. Endlich hat er es gefunden. Enno bringt das Buch aufgeschlagen zu zwei anderen Kindern in die Bauecke: „Das ist doch so eine Brücke, wie wir sie brauchen, oder?“ Die drei „Baumeister“ nutzen die Illustration nun wie einen Bauplan. Bald müssen die Kinder aber improvisieren, denn die vorhandenen Materialien sind ganz andere als die auf der Abbildung im Buch. Schließlich stehen die vier Brückenpfeiler. Doch die Platten zum Abdecken sind zu kurz. Enno schaut sich um. Das gerade als Bauplan dienende Buch wird zur Brücke umfunktioniert und erhält damit eine ganz neue Bestimmung.

Mithilfe von Büchern sind Kinder oft in der Lage, selbstständig ihre Welt zu erkunden und zu verstehen. Manches ist nicht in Worte zu fassen. Hier kommt die Ausdruckskraft von Bildern zum Tragen (z. B. bei der Geschichte von den drei Schweinchen *Zilly, Billy und Willy*: das Entsetzen im Gesicht des Schweinchens, als der Wolf sein Haus wegpustet, der Ausdruck von Stolz beim Sieg über den Wolf). Das unterstützt den eigenen bildnerischen Ausdruck der Kinder. Darstellungen kommen ohne Worte aus, regen aber zum Nachdenken und zum Finden neuer Worte an.

Bücher über Kunst

Ein Buch über Kunst kann darin unterstützen, eine spezielle Technik anschaulich zu erklären, die das Kind nutzen möchte. Manchmal sind es Ausschnitte aus Kunstwerken in einem Buch, die die Aufmerksamkeit der Kinder auf weitere Einzelheiten im Bild richten.

Aus Büchern können die Kinder auch etwas aus dem Leben und Schaffen von Künstlern erfahren. Vielleicht ahmen sie deren Tun an einer Staffelei nach, sie malen wie ihr Vorbild mit speziellen Farben (z. B. Pastellbilder wie Edgar Dégas) oder sie setzen Formen gewagt in Beziehung zu einander (z. B. wie Joan Miró). Manchmal kann durch ein Buch zu einem Kunstwerk das Verständnis für dieses unterstützt werden und für den eigenen kreativen Gestaltungsprozess hilfreich sein.

Bücher regen die Fantasie der Kinder an und können selbst zum kreativen Produkt werden. Im Alltag der Kindertagesstätte schaffen Bilderbuchsituationen auf vielfältige Weise Grundlagen für kreative Prozesse.

Zum Weiterlesen

Daynes, K. (2021): Alles über Kunst. Über 50 schlaue Fragen über Künstler, Stile und Kunstgeschichte. Usborne, London

Dickins, R. (2019). Kunst – Ein Mitmachbuch für Kinder. Malen und gestalten wie ein echter Künstler. 17. Aufl. Arena, Würzburg

Wagner, K. (2014). Kunst im Kindergarten. Kleine Künstler – Große Wirkung. 2. Aufl. Westermann, Braunschweig

Kreatives Gestalten – Malen, Zeichnen, Drucken und Basteln

Was & Warum?

Viele Kinder lieben das Gestalten. Manche bevorzugen das Zeichnen, andere malen besonders gern. Wieder andere sind begeistert, wenn sie drucken, kneten oder basteln können. Sie freuen sich über Möglichkeiten, gestalterisch tätig zu sein und nutzen die ihnen zur Verfügung stehenden Stifte, Pinsel, Farben und Materialien. Im Alltag der Kindertageseinrichtung sollen auch jene Kinder an das künstlerische Gestalten herangeführt werden, die im ersten Moment nicht so gern dabei sind, wenn gebastelt, gemalt oder gezeichnet wird.

Das Basteln fordert vor allem handwerkliche Fähigkeiten und Fertigkeiten der Kinder heraus. Wie im plastischen Gestalten entstehen hier oft räumliche Objekte.

Beim Zeichnen geht es um die Linie als Gestaltungs- und Ausdrucksmittel, während beim Malen Flächen zu gestalten sind. Farben und ihre Wirkung werden von den Kindern ausprobiert, verglichen und immer sicherer in den eigenen Werken eingesetzt. Experimente – zum Beispiel zur Farbherstellung – schaffen Möglichkeiten, das Material und die damit verbundenen Verfahren zu erforschen (Impuls 24: Farbspuren aus der Natur).

Das Drucken wiederum bietet Kindern weitere spezielle Chancen, kreativ zu werden: Wird Druck auf ein Material (einen Druckstock) ausgeübt, entsteht auf einem Untergrund ein Abdruck. Dieser ist das seitenverkehrte Abbild von seinem Original.

Materialien & Techniken

Auf vielfältige Art und Weise können alle Kinder angesprochen und motiviert werden, Formen und Farben beim Basteln, Malen, Zeichnen und Drucken für ihren individuellen Ausdruck einzusetzen.

Häufig sind die Übergänge zwischen den gestalterischen Tätigkeiten fließend oder sie vermischen sich sogar.

Basteln ist beispielsweise mehr als das Nachahmen mit vorgefertigten Schablonen. Aber auch Schablonen und Nachahmen können beim Basteln, beim Zeichnen und Malen zu kreativen Prozessen führen, wenn die pädagogische Fachkraft professionell agiert und reagiert. Allein das Drehen und Wenden einer Schablone kann eine neue Form erzeugen. Unterschiedliche Farben des Papiers oder Accessoires zum Gestalten fordern die Kinder auf, ihren eigenen gestalterischen Weg zu gehen.

Neugier und Begeisterung werden durch das Angebot unterschiedlicher Materialien und Techniken auch beim plastischen Gestalten geweckt. Die Kinder erforschen dabei den Einsatz des Materials und kreieren unterschiedliche Ergebnisse. Durch das Anfassen, das Erfühlen einer Konsistenz, durch das Verschmieren und Streichen, das Abdrucken, Mischen oder Matschen sammeln die Kinder auch zahlreiche sensorisch-kinästhetische und feinmotorische Erfahrungen. Es bieten sich immer neue Möglichkeiten zur Umsetzung eigener Ideen. Die Kinder werden mutiger, ihren Weg zu beschreiten.

Perspektivwechsel

Wenn gestaltet wird, beispielsweise gezeichnet, gemalt oder gedruckt, fordert auch immer wieder der Zufall die Kreativität der Kinder heraus. Dabei kann in diesem Prozess z. B. erfahren werden, welche Materialien gut zu handhaben sind oder wie ein Bildaufbau gestaltet werden kann. Oft nehmen die Kinder die Möglichkeit eines gemeinsamen Schaffens wahr. Da wird vielleicht zusammen gebaut, gefaltet, gezeichnet oder gemalt. Wenn sie sich hierbei einzelne Arbeitsschritte der anderen Kinder anschauen und nachvollziehen, greifen sie auf deren Fähigkeiten zurück. Dabei übernehmen sie ohne spezielle Hinweise häufig eine andere Perspektive. Zum Beispiel stellen sie sich beim Falten auf die Seite ihres Gegenübers, um die Faltung ebenso auszuprobieren. Ist ihnen eine Sache gut gelungen, können sich die Kinder gegenseitig Tipps geben. Demnach sind im kreativen Prozess für Kinder unterschiedliche Wege bei jedem künstlerisch-ästhetischen Gestalten möglich.

Beispiel

Bei der Beobachtung der Kinder beim Zeichnen von Monstern fällt der pädagogischen Fachkraft die sehr unterschiedliche Vorgehensweise auf: Hajo (6;1 Jahre) zeichnet ganz konzentriert feine Umrisse auf ein weißes Blatt. Er legt den Stift beiseite und schaut auf sein Monster. Der Junge freut sich über die entstehende klare Zeichnung. Auf dem Tisch liegt ein offenes Stempelkissen. Als Hajo erneut nach seinem Stift greift, fasst er versehentlich auf das Stempelkissen. Der schmutzige Finger kommt unbeabsichtigt auf das schöne Monsterbild. Hajo erschrickt. Das Monster hat Spuren der roten Stempelfarbe abbekommen. Und nun? Hajo betrachtet sein Bild, hält einen Augenblick inne. Jetzt greift er ganz bewusst zum Stempelkissen. Wieder und wieder druckt Hajo die rote Stempelfarbe auf das Monster. Der Abdruck des Fingers setzt Strukturen in den Monsterkörper. Zunächst ungeplant, doch dann absichtsvoll vollendet Hajo seine Arbeit mit der Stempelfarbe. So hat Hajo hier ganz selbstverständlich eine Mischtechnik aus Zeichnung und Druck für sich genutzt.

Mit unterschiedlichen Materialien lassen die Kinder grafische Spuren (Zeichen, Linie, Formen) auf verschiedenen Untergründen entstehen. Sie verleihen damit auch ihren Gedanken und Gefühlen Ausdruck. Spuren können unter anderem in trockenem oder nassem Sand mit Fingern und Stöcken entstehen. Mit Kreiden, Stiften, Pinseln und Farben bringen die Kinder ihre Zeichen z. B. auf Papier, Steine und Wände. Sie kreieren mit Knete, Ton oder Stoffen neue interessante räumliche Formen. Auch Kunstwerke und Objekte werden zu Ausgangspunkten für das eigene Gestalten. Sie regen zum Übernehmen von Ideen an, schaffen aber auch Impulse, selbst kreativ zu werden.

plan- & unplanmäßig kreativ

Kreative Produkte entstehen geplant oder ungeplant. Beim Basteln entwickeln sich häufig fantasievolle, bespiel- oder begehbare Konstruktionen. Für das Zusammensetzen von Einzelteilen nutzen die Kinder Werkzeuge wie Schere, Klebestift oder Klammern. Sie üben den Umgang mit ihnen und können später auf diese Erfahrungen zurückgreifen. Techniken wie das Stecken, Falten, Stapeln und Flechten erweitern die gestalterischen Fähigkeiten der Kinder sowie ihre Möglichkeiten beim Finden kreativer Lösungen. Die Kinder lernen beim Basteln, Ziele zu verfolgen und planmäßig vorzugehen (z. B. mittels Falt- und Aufbauanleitungen).

Manchmal wirkt Unvorhergesehenes auf den Gestaltungsprozess. Das können, ganz ungeplant, neue Ideen der Kinder, Missgeschicke, eine veränderte Situation in der Kindertageseinrichtung oder fehlende Materialien sein. Sie fordern die Kreativität neu heraus. Es werden Strategien überlegt und diese gelegentlich verworfen, um einen anderen Weg zu gehen oder gar ein anderes Ziel zu finden. Die pädagogische Fachkraft ist hier genauso wie das Kind gefordert, sich darauf einzustellen.

Beim künstlerischen Gestalten lernen Kinder, Ziele zu verfolgen und ausdauernd bei einer Sache zu bleiben und neue Ziele zu ersinnen.

Einzeln oder mit anderen Kindern gemeinsam wird auf spielerische Weise bereits während der gestalterischen Tätigkeit gelernt, werden Materialien und Techniken erkundet.

Beispiel

Für einen Wandfries auf dem Flur malen Anka (6;0 Jahre) und Helen (6;2 Jahre) mit Farben einen Bodenstreifen in hellem Grün. Anka fragt: „Soll ich mal mit hellgrüner Pastellkreide so einen Strich hochziehen, wenn es ein bisschen trockener ist? Einfach so. Dann merkt man, wie das Gras piekst.“ Die Mädchen wägen ab und probieren sich aus. Sie setzen die Pastellkreidestriche nun sogar mutig in verschiedenen Farben und nicht nur in Grün.

Der Umgang mit Materialien und Techniken trägt nicht nur zum Bewusstsein der Kinder über ihre eigenen Ausdrucksmöglichkeiten bei, sondern schult zugleich das Wissen und Können (Gestaltungs- und Sachkompetenz) bei deren Nutzung:

- Wie kann ich dieses und jenes Material verwenden? (z. B. Gestaltungs- und Sachkompetenz)
- Was ist mit den gleichen Bastelutensilien nicht möglich? (z. B. Gestaltungs- und Sachkompetenz)

- Führen Abweichungen vom vorgeschlagenen Bastelweg trotzdem zu einem Ergebnis? (z. B. Problemlösungskompetenz)
- Was kann ich schon? Was kann ich tun, wenn mir etwas nicht gelingt? (z. B. kreatives Selbstkonzept)

Solche und ähnliche Fragen werden aufgeworfen und oft ganz pragmatisch von den Kindern gelöst.

Kinder forschen besonders intensiv beim projektorientierten Arbeiten, weil sie hier Themen über einen bestimmten Zeitraum auf unterschiedliche Art und Weise betrachten. Sie können sich mit Materialien und Techniken ausprobieren, verschiedene Herangehensweisen erkunden und ihrem Forscherdrang nachgehen.

Beispiel

Ausgangspunkt für das spielerische Erkunden von Material in einem Projekt kann das Gedicht *Wenn das M nicht wär' erfunden* von James Krüss (Krüss/Müller 2021) sein. Passend zum Material könnte es abgewandelt heißen: „Wenn der Klebestreifen nicht wär' erfunden…", „Wenn die Pappe nicht wär' erfunden…", „Wenn der Pinsel nicht wär' erfunden…" oder „Wenn die Knete nicht wär' erfunden…". Die Kinder werden somit angeregt, im Spiel Alternativen zu bestimmten Materialien zu suchen.

helfen, unterstützen, fördern

Die Aufgabe der pädagogischen Fachkraft besteht in diesen Situationen darin, schützende Räume zu schaffen, um das Forschen und Erproben zu ermöglichen. Bei allen angebotenen Materialien, Werkzeugen und Techniken müssen mögliche Verletzungsgefahren beachtet und die Kinder entsprechend ihren Fähigkeiten bei der Handhabung angeleitet werden. Unerlässlich sind damit – neben einer Haltung der Offenheit für kreative Prozesse – auch Wissen und Können der pädagogischen Fachkraft über Möglichkeiten und Grenzen der Verwendung von Materialien, Techniken und Werkzeugen. Kenntnisse zu Entwicklungsprozessen wie der Zeichenentwicklung bilden die Grundlage für Anregungen und Unterstützungen. Sinnvoll ist eine möglichst gemeinsame Vorbereitung des künstlerischen Gestaltens, die einen geordneten Zugriff auf die Materialien und Werkzeuge zulässt. Die Kinder müssen wissen, welche Dinge sie (voraussichtlich) benötigen, wo sie die benötigten Dinge finden und wo sie dann mit diesen arbeiten können. Je nach Material oder anzuwendenden Techniken bedeutet das, Tische und/oder Boden abzudecken, Schürzen oder Kittel sowie weitere benötigte Utensilien bereitzustellen. Der Umgang mit Werkzeugen wie Scheren, Hämmer, Druckwalzen, Sägen oder Prickelnadeln muss geübt und Regeln für deren Verwendung müssen festgelegt werden. Die pädagogische Fachkraft soll die

Kinder auch beim bildnerischen und räumlichen Gestalten beobachten. Das kreative Tun der Kinder ist zu dokumentieren, zu reflektieren und für die Förderung der weiteren Entwicklung zu nutzen (Kap. 2.2).

Auswertung & Reflexion

Während der gestalterischen Tätigkeit werten die Kinder oft für sich Teilergebnisse ihres Tuns aus, betrachten das Entstandene, gehen den beschrittenen Weg weiter oder verändern ihre Vorgehensweise. Manchmal löst ein Ergebnis Staunen oder Jubel aus. Manchmal ist mit Schwierigkeiten umzugehen oder es fühlt sich an, als wäre ein Fehler gemacht worden. Lösungen werden beim Gestalten gesucht. Die Kinder signalisieren vielleicht ein Problem, wenn sie bei einem Arbeitsschritt Hilfe benötigen. Ein Kind kann sich aber auch ganz bewusst entscheiden, die Schwierigkeit allein zu meistern. Äußerungen wie „Ich kann das schon allein!" oder „Ich bin schon groß!" sind Beispiele dafür. Sie zeigen auch das sich entwickelnde kreative Selbstkonzept des Kindes.

Beispiel

Die Kinder haben zum Herbst Windlichter gebastelt. Nach einer Anleitung konnten Weckgläser mit farbigen Seidenpapieren beklebt werden. Nun verzieren alle die bereitgestellte kleine Papiertüte für das Geschenk mit einem Blattdruck. Leopold (5;5 Jahre) druckt ein winziges Blatt in die Mitte der Tüte. „Da ist ja noch so viel Platz. Da kannst du noch ein Blatt aufdrucken", bemerkt Jane. „Nee, ich erfinde noch ein Labyrinth für Mama und Papa. Dann müssen sie den Weg zum Blatt suchen. Wer den Weg findet, darf die Kerze anzünden.", entscheidet Leopold selbst und zeichnet mit dem Bleistift sein Labyrinth.

Ansichten und Ausdrucksmöglichkeiten verändern sich mit der fortschreitenden Entwicklung, ebenso auch durch die zunehmende Außenwahrnehmung der Kinder. Eine Reflexion des kreativen Prozesses ist daher unerlässlich. Dabei wird sicher nicht jedes in einem kreativen Prozess entstandene Ergebnis von anderen als schön empfunden oder entspricht deren Erwartungen. Dennoch kann es für das gestaltende Kind von unschätzbarem Wert sein. Die gesammelten Erfahrungen beim Zeichnen, Malen, Basteln und Drucken können Kindern helfen, auch in anderen Situationen Schwierigkeiten zu erkennen und die Bereitschaft zu entwickeln, diese zu überwinden.

Beispiel

Im Projekt zum Gestalten mit Ton werden Füchse geformt. Die Kinder finden unterschiedliche Lösungen für die Gestalt des Fuchses und seines Fells. Sie rollen, ritzen und setzen Tonstücke aneinander. Abschließend werden alle Füchse betrachtet. Hans vergleicht in der Auswertung die Haltung und das Aussehen der Füchse. Beim Fuchs von Moritz fallen ihm die nach seiner Ansicht viel zu großen Ohren auf. Genau diese findet Moritz aber an seinem Tier so toll, weil sein Fuchs mit den großen spitzen Ohren am besten von allen hören kann.

> In der abschließenden Auswertung des Bastelns, Zeichnens, Malens oder Druckens sollte die Arbeit des Kindes Anerkennung finden, das Überwinden von Schwierigkeiten beim Gestalten wahrgenommen und wertgeschätzt werden.

Zum Weiterlesen

Klages, M. (2021): Mini-Projekte für die Kita. 3–6 Jahre. 4. Aufl. Verlag Ernst Kaufmann, Lahr

Lüdtke-Brucker, B. (2021): 52 Blitzideen. Kreatives Gestalten für die Kita. Herder, Freiburg im Breisgau

Overdiek, A. (2020): Bildnerisches Gestalten im Montessori-Kinderhaus. Herder, Freiburg im Breisgau

Vogt, S. (2018): 50 einfache Kunsttechniken für Kinder. Verlag an der Ruhr, Mühlheim an der Ruhr

Kreatives Musizieren

Was & Warum?

Geräusche und Töne begleiten die Kinder tagtäglich. So finden sie sich auch im Alltag der Kindertageseinrichtung wieder: Der kreative Umgang mit musikalischen Elementen, das Singen, Erzeugen und Hören von Tönen, Melodien, Rhythmen und das Spiel mit der Lautstärke machen Musik in der Einrichtung aus. Kinder nehmen schon im Mutterleib den Herzrhythmus ihrer Mutter wahr, kommen mit Klängen und Geräuschen in Kontakt, die sie im Verlauf ihrer Entwicklung zu- und einordnen lernen. Gegenstände werden mit allen Sinnen entdeckt und erforscht, indem sie z. B. geschüttelt oder auf den Boden oder einen Tisch geschlagen werden. So überprüfen Kinder auch die Klangqualität von Dingen. Alles kann letztlich zu einem Instrument werden.

Singen, Musizieren und Bewegen nach Musik machen Spaß und Freude. Spielerisch lernen die Kinder Instrumente kennen, schulen ihr Rhythmusgefühl, entdecken und erforschen Töne und deren Wirkung. Angeregt werden die Stimme und die Sprachentwicklung beim Singen, der Hörsinn beim Hören oder die taktil-kinästhetische Wahrnehmung beim Sich-Bewegen. Die Kinder entdecken die Kraft der Musik, wenn sie allein oder gemeinsam in der Gruppe singen und musizieren. Auf diesen Grundlagen können sie im musikalischen Bereich kreativ werden.

Beispiel

Während Nora (5;3 Jahre) spielt, ertönt auf einmal ihre helle, klare Stimme. Anscheinend singt sie ihrer Puppe ein Lied vor. Die pädagogische Fachkraft bemerkt im Anschluss: „Du hast aber schön gesungen. Das Lied kenne ich noch gar nicht." Nora erwidert: „Kannst du auch nicht. Das Lied hab' ich mir für meine Puppe ausgedacht."

Rhythmus im Kita-Alltag

Der Alltag in der Kindertageseinrichtung selbst ist rhythmisch gegliedert: Durch die Unterteilung in Arbeits-, Spiel- und Essenszeiten sowie durch Tages- und Wochenpläne mit weiteren Aktivitäten wird den Kindern Sicherheit vermittelt. Zu allen Themen und Phasen im Tagesverlauf gibt es passende Lieder und Musikstücke. In ihrer Vielfalt sprechen sie die Kinder an, reißen diese mit und wirken motivierend. Musikalische Elemente lassen sich in allen Phasen des Einrichtungsalltages einsetzen: Sie können ein Ritual beim Ankommen sein, beim Singen im Morgenkreis, vor dem Ruhen/Schlafen, beim Anziehen, beim Aufräumen, aber auch ein Signal für Beginn, Begleitung oder Abschluss von kreativen Phasen, wie z. B. Basteln oder Malen, darstellen.

vielfältige Instrumente

Melodien und Rhythmen sensibilisieren Kinder, die eigene Körperlichkeit auf eine besondere Weise wahrzunehmen und zu nutzen. Sie lernen ihren Körper als Instrument, als Klangkörper bewusst einzusetzen. Dabei benötigen sie Anregungen durch die pädagogische Fachkraft. Um auch ihre musikalischen Stärken kreativ nutzen zu können, sind Erfahrungen notwendig. Vielleicht wird ein Rhythmus zuerst nachgeklopft oder -geklatscht. Dann wird plötzlich ein neuer Rhythmus erfunden. Wenn Kinder beispielsweise Töne nachahmen, probieren sie sich auf ihre Weise aus. Kinder erkunden die Möglichkeiten der eigenen Stimme. Sie lernen diese beim Sprechen und Singen, zwei unterschiedlichen lautlichen Kommunikationssystemen des Menschen (Hirler 2020), immer bewusster und kreativer einzusetzen.

Schlüpfen Kinder in unterschiedliche Rollen, verwandeln sie sich dabei auch stimmlich (z. B. Rotkäppchen vs. Wolf). Wenn sie es üben können, lernen Kinder Töne und Geräusche genauer zu hören, zuzuordnen und zu differenzieren. Rhythmus- und Singspiele unterstützen diesen Entwicklungsprozess.

In ihrer Vielfalt motiviert Musik Kinder zu Bewegung. Mit Tanz- und Bewegungsspielen kann Einfluss auf die Entwicklung der Körperkoordination genommen werden.

Um das individuelle musikalische Potenzial der Kinder zu erkennen und zu nutzen, braucht die pädagogische Fachkraft Wissen darüber, wie sich Kinder in ihrer Musikalität entwickeln. Dabei werden Interessen und Talente sichtbar. Die pädagogische Fachkraft kann auf dieser Grundlage auch geeignete Impulse für die Entwicklung der Kinder geben. Fragen der Fachkraft können sein:

- Wie sind die Hörkompetenzen beim Kind ausgebildet?
- Ist das Kind in der Lage, die dirigierende Person zu fokussieren? Sind deren Zeichen deutlich?
- Nimmt das Kind unterschiedliche Instrumente wahr?
- Inwieweit kann das Kind seinen Körper, insbesondere seine Gliedmaßen, koordinieren?
- Wie ist das Richtungshören des Kindes ausgeprägt?
- Kann das Kind ein Lied ohne den Text erkennen?
- Bringt sich das Kind in musikalische Gruppenaktivitäten ein?
- Erkennt das Kind den Rhythmus eines Klatschspieles und klatscht es diesen mit?
- Traut sich das Kind, allein zu singen?

Musik mit Alltagsgegenständen

Auch Alltagsgegenstände können kreativ zu Musikinstrumenten umfunktioniert werden, z. B. Töpfe und Topfdeckel als Percussion-Instrumente. Selbst mit quietschenden Türen, Steinen, Wasser, Sand und Hölzern können Töne erzeugt werden. Diese einfachen Möglichkeiten erfordern kein besonderes instrumentales Geschick. Ohne großen Aufwand können sie von allen mit Spaß eingesetzt werden. Die Kinder sammeln dabei rhythmische und weitere musikalische Erfahrungen. Für Kinder können so alle Gegenstände, die Klänge erzeugen, zum Instrument werden.

Tipp

Der Einsatz elementarer Instrumente, beispielsweise aus dem Orff-Instrumentarium (wie Klanghölzer, Triangeln, unterschiedliche Trommeln oder Stabspiele), ist von großem Vorteil, denn er führt zu schnellen Erfolgen im Umgang mit Instrumenten.

Einsatz von Instrumenten

Durch ihre einfache Handhabung können Rasseln, Klanghölzer und andere robuste Schlaginstrumente sogar schon bei Krippenkindern eingesetzt werden. Mit zunehmender Sicherheit im Umgang mit Instrumenten kommen auch ein Xylophon, ein Glockenspiel und eine Flöte in Frage. Interessant sind für Kinder oft auch die größeren Instrumente wie Gitarre und Klavier. Grundsätzlich sollten Kinder die Möglichkeit haben, verschiedene Instrumente zum Schlagen, Zupfen, Blasen und Streichen auszuprobieren. Für das Zusammenspiel mit mehreren Kindern ist es notwendig, Regeln festzulegen, die mit Symbolen oder Gesten (Dirigieren) verdeutlicht werden können. Jedes Kind sollte z. B. im Zusammenspiel wissen, wann es sein Instrument, seinen

Körper, seinen Gesang einsetzen darf, wann der Einsatz endet und ob die Lautstärke angemessen ist. Auch zu wissen und auszuhalten, wenn man nicht an der Reihe ist, erfordert Konzentration, Übung und Ausdauer.

Instrumente selbst bauen

Instrumente können auch selbst gebaut werden. Das Kind wird kreativ gefordert, wenn z. B. Rasseln, Trommeln oder Klangmobiles gestaltet und erprobt werden.

Beispiel

Im Frühling betrachtet die pädagogische Fachkraft mit den Kindern verschiedene Samen (z. B. von Bohnen, Radieschen, Sonnenblumen, Erbsen). Dabei werden Unterschiede und Gemeinsamkeiten im Aussehen festgestellt. Mithilfe eines Trichters füllen die Kinder die Samen in kleine leere Plastikflaschen und verschließen sie mit deren Schraubdeckel. Nun können mit den entstandenen Rasseln die Samen auch akustisch erkundet werden.

Wenn Kinder ihre Instrumente selbst basteln (Impuls 35: Klappergeplapper – Wir bauen Kastagnetten), setzen sie mithilfe ihrer individuellen motorischen Fähigkeiten nicht nur die kreativen Bastelideen um. Sie erproben die Eignung von Materialien, erforschen deren Klänge und Töne, entdecken eigene Vorlieben bezüglich der Haptik und Klangqualität und entscheiden über den Einsatz in ihrem musikalischen Tun.

Interessen & Gefühle

Mit Kindern musikalisch aktiv zu werden heißt, ihre Interessen und Gefühle zu berücksichtigen. Die Auswahl der Melodien, Rhythmen und Lieder zur Begleitung der Tätigkeiten der Kinder trägt zu ihrem Wohlbefinden bei. Die pädagogische Fachkraft kann die Kreativität der Kinder unterstützen, wenn sie ihre individuellen musikalischen Vorlieben kennt.

Tipp

Ein Thema oder Lied der Woche trägt zur Akzeptanz (auch besonderer Themen) bei den Kindern bei und gibt Sicherheit, dass auch das eigene Lieblingsthema Wertschätzung erfahren wird. Thema der Woche kann beispielsweise „Fußball im Weltall" sein, in der nächsten Woche könnte dann das Thema „Tiere", z. B. „Der Pavian" usw. an der Reihe sein.

Kinder lernen beim Musikhören, beim Singen und Musizieren und beim Tanzen, dass mit Musik Emotionen ausgedrückt werden können.

Beispiel

Mimi lauscht ganz gebannt einer Hörgeschichte. Als eine bestimmte Melodie die Handlung untermalt, weint sie. Vincent fragt: „Was ist passiert?" Mimi antwortet: „Das ist gerade so traurig, wenn diese Musik kommt." Dann fügt sie hinzu: „Pssst, sei jetzt leise, ich will die Geschichte bis zum Schluss hören."

Tipp

Um möglichst viele Interessen musikalisch aufzugreifen und gemeinsam umzusetzen, bietet es sich an, projektartig oder ritualisiert vorzugehen. Neben den vielen Anregungen durch Töne und Musik muss aber auch der Stille Raum und Zeit gegeben werden.

Anleitung & Modellierung

Auch im musikalischen Bereich ist die Anleitung und Vorbildwirkung durch die pädagogische Fachkraft wertvoll. Ihr Vorgehen kann die Freude am gemeinsamen Musizieren vermitteln, die musikalische Aktivität selbst in den Vordergrund stellen sowie Ängste in Momenten des Vorsingens oder eines Auftritts nehmen. Viele Kinder kommen in der Kindertageseinrichtung zum ersten Mal in Kontakt mit unterschiedlichen Instrumenten. Regionale Angebote, z. B. durch Musikschulen, Musiker und Konzerte, erweitern und ergänzen die Anregungen in der Einrichtung. Von besonderer Bedeutung ist es, wenn die pädagogische Bezugsperson mit den Kindern singt und selbst ein Instrument spielt. So kann sie den Zugang zu Instrumenten und im Speziellen zu ihrem eigenen Instrument vermitteln. Durch ihren Umgang mit dem Instrument erfahren die Kinder auch dessen Wertschätzung und Pflege. Ganz grundlegend geht es also hier nicht um den perfekten Instrumentalunterricht, sondern insbesondere um das Kennenlernen eines weiteren Ausdrucksmittels in der individuellen Kreativität des Kindes.

Zum Weiterlesen

Dartsch, M., Knigge, J., Niessen, A., Platz, F., Stöger, C. (Hrsg.) (2018): Handbuch Musikpädagogik. Grundlagen – Forschung – Diskurse. Waxmann, Münster, New York

Hirler, S. (2022): Musik erleben in der Kita. Herder, Freiburg im Breisgau

Kurth, W. (Hrsg.) (2019): Musikerziehung. Lehrbuch für Staatlich anerkannte Erzieher, Facherzieher für Musik und verwandte Berufe. Westermann Schulbuchverlag, Braunschweig

4. Kreative Impulse

Die vorliegende Sammlung kreativer Impulse ist nach den in Kapitel 1 dargestellten Teilfähigkeiten der Kreativität geordnet. Enthalten sind damit Impulse zur Förderung der Gestaltungskompetenz, der Problemlösungskompetenz, der Sachkompetenz, des kreativen Selbstkonzeptes sowie des kreativen Handelns und Verhaltens. Die Sammlung beinhaltet Anregungen, die das Wissen und Können der Kinder im jeweiligen Bereich erweitern. Somit werden die Fähigkeiten im Umgang mit Materialien und Techniken gefördert und entsprechende Kompetenzen aufgebaut. Diese sind wiederum Voraussetzung für das kreative Denken und Handeln der Kinder in unterschiedlichen Bereichen. Jeder Impuls wird kurz in seiner Durchführung beschrieben. Es werden die benötigte Zeit, die Materialien sowie die mögliche Gruppengröße angegeben. Differenzierungsmöglichkeiten und Förderziele werden aufgezeigt, um möglichst allen Kindern die Chance zu geben, ihr kreatives Potenzial zu entwickeln. Zusätzlich kann jeder Impuls von der pädagogischen Fachkraft und den Kinder im Sinne ihres individuellen kreativen Spielraums erweitert werden.

4.1 Gestaltungskompetenz

Impuls 1: Ein Haus für meine Schnecke

Abb. 14: Raketen-schnecke – Beispiel für ein Schneckenhaus (gezeichnet)

Materialien: Pinsel, (Gouache-/Fingermal-)Farben, Bilder mit unterschiedlichen Häusern, Schneckenhäuser

Zeit: ca. 30 min
Gruppengröße: max. 15 Kinder
Schwierigkeit: ★ bis ★★★

Durchführung: Die pädagogische Fachkraft motiviert die Kinder zur genaueren Betrachtung von Schneckenhäusern (Größe, Form, Muster). Ausgehend davon gestalten die Kinder ein Haus, in dem ihre Schnecke gern wohnen würde. Dazu malen die Kinder an ihrem Arbeitsplatz zunächst den Schneckenkörper mit Pinsel und pastosen Farben (z. B. Fingermalfarben/Gouachefarben). In einem zweiten Arbeitsschritt wird das individuelle Haus auf den Schneckenkörper gemalt (Abb. 14).

Leicht: *Schnecke und Haus werden mit Fingermalfarben gestaltet.* ★
Mittel: *Die beschriebene Variante ist als mittelschwer einzustufen.* ★★
Schwer: *Das Schneckenhaus wird aus unterschiedlichen Materialien als Collage gestaltet.* ★★★

Förderziele: kreativer Umgang mit Material, künstlerisch-ästhetische Ausdrucksfähigkeit, Umsetzen neuer Ideen

Impuls 2: Es regnet Farbe (Drip Painting)

Zeit: mind. 30 min
Gruppengröße: max. 10 Kinder
Schwierigkeit: ★★ bis ★★★

Materialien: feste Untergründe (z.B. Pappe, starkes Papier), sehr flüssige Farbe, Papier zum Abdecken, Malerkittel

Durchführung: An der oberen Kante des festen Untergrundes tragen die Kinder die sehr flüssige Farbe auf. Durch senkrechtes Halten des Untergrundes laufen die Farbtropfen auf dem Blatt herunter. Damit die Farbe vor dem Verlaufen nicht trocknet, ist zügiges Arbeiten wichtig. Nach dem Trocknungsprozess können die Bilder gemeinsam betrachtet oder weitergestaltet werden, z.B. zur Collage oder indem darin weitergezeichnet wird.
Es bietet sich ein Arbeiten im Freien an.

★★ **Mittel:** *Die beschriebene Variante ist als mittelschwer einzuordnen.*
★★★ **Schwer:** *In der schweren Variante verlaufen durch das zusätzliche Drehen des Blattes verschiedene Farben ineinander. Nach dem Trocknen wird ein Bildtitel gefunden, z.B. „Großes Farbendurcheinander".*
Weitere Variationen: *Zunächst erstellen die Kinder eine Grafik (Zeichnung oder Druckgrafik). Dann lassen sie auf ihre Grafik Farben „regnen".*
Auf dem leeren Untergrund wird eine regenschirmförmige Schablone (Pappe, Plastik o.ä.) z.B. mit Kreppband befestigt, bevor der Farbregen gestartet wird, später kann eine Figur mit Regenschirm ergänzt werden.

Förderziele: Erkunden neuer Techniken, sprachliche und künstlerisch-ästhetische Ausdrucksfähigkeit

Impuls 3: Wettertanz der Farben

Zeit: mind. 2 x 30 min
Gruppengröße: max. 15 Kinder
Schwierigkeit: ★ bis ★★★

Materialien: verschiedene Farben zur Auswahl, verschiedene Papiere und Untergründe zum Ausprobieren (z.B. glattes und raues Papier, strukturierte Pappe wie Wellpappe, Tapete) und Material für den Farbauftrag (z.B. Pinsel, Schwämme, Hölzchen)

Durchführung: Als Ausgangspunkt wird das Wetter (des Tages/der Jahreszeit) durch die Kinder beobachtet. Anschließend entsteht ein Wetterbild, für das nur mit zwei bis drei Farbtönen gearbeitet wird. Diese hat das Kind zuvor selbst ausgewählt. Die pädagogische Fachkraft demonstriert verschiedene Möglichkeiten des Auftragens der Farbe und erklärt handlungsbegleitend die Arbeitsschritte, z.B.: „Ich streiche ...", „Ich tupfe ...", „Ich schmiere ...". Mit dem Impuls

„Wie kann die Farbe noch aufs Blatt kommen?“ regt die pädagogische Fachkraft die Kinder zum Ausprobieren auf unterschiedlichen Malgründen an. Die Kinder gestalten ihr Wetterbild mit den selbst gewählten Farben und bestimmen den Farbauftrag. In der Auswertung beschreiben sie das eigene Vorgehen im Arbeitsprozess und vergleichen die Ergebnisse.

Leicht: *Es wird nur Fingermalfarbe zur Verfügung gestellt.* ★
Mittel: *Die beschriebene Variante ist als mittelschwer einzustufen.* ★★
Schwer: *Für die Gestaltung stehen Wasserfarben, Aquarellfarben oder Kreiden zur Verfügung. Die Kinder probieren neben dem Farbauftrag unterschiedliche Materialien und Werkzeuge aus.* ★★★
Weitere Variationen: *Bei der Präsentation der Werke werden Wettergeräusche mit unterschiedlichen Materialien erzeugt (Windmacher, Donnerlieder, Blätterrascheln usw.).*
Für die Wetterbilder wird ein besonderer Rahmen gestaltet (z.B. „Mein Wetterbild in Gold“).

Erkunden neuer Techniken und Materialien, sprachliche und künstlerisch-ästhetische Ausdrucksfähigkeit, kreativer Umgang mit Material

Förderziele

Impuls 4: Ein roter Teppich für uns

Zeit: ca. 20 min
Gruppengröße: max. 15 Kinder
Schwierigkeit: ★

Materialien: Papierbahnen, Stifte und Farben (z.B. Wachsmalstifte, Buntstifte, Kreiden, Plakatfarben)

Durchführung: Zur Vorbereitung eines Festes im Alltag der Kindertageseinrichtung (z.B. Fasching, Sommerfest, Abschlussfest) bespricht die pädagogische Fachkraft mit den Kindern einzelne Programmpunkte (z.B. Moderation, Theaterstück, Kindermodenschau, Gesang, Tanzspiele). Es wird gemeinsam das In-Szene-Setzen aller Kinder für einen Programmauftritt überlegt. Dabei wird der *rote Teppich* als Möglichkeit vorgeschlagen.

Die Gruppe gestaltet ihren eigenen roten Teppich mit Formen oder Bildern. Dabei nutzt sie einen roten Untergrund oder verschiedene rote Stifte und Farben. Auf dem selbst gestalteten Teppich probieren die Kinder das Schaulaufen aus.

Weitere Variationen: *Es werden Teppiche zu bestimmten Themen gestaltet (z.B. Traumbilder, Märchenhelden, Forscher).*

künstlerisch-ästhetische Ausdrucksfähigkeit, kreativer Umgang mit Material

Förderziele

Impuls 5: 1, 2, 3, würfel dir dein Tier herbei!

Zeit: 10 bis 25 min
Gruppengröße: bis 20 Kinder
Schwierigkeit: ★ bis ★★★

Materialien: drei Würfel, die den Kopf (Würfel 1), das Mittelteil (Würfel 2) und das Hinterteil (Würfel 3) eines Tieres zeigen (z.B. Dino, Giraffe, Maus, Elefant, Krokodil) Blatt, Stifte oder Pinsel und Farben

Durchführung: Die Kinder setzen die Tiere auf den Würfeln richtig zusammen. Dann wird das Wundertier gewürfelt, z.B. Kopf vom Elefanten, Körper einer Ente und Hinterteil eines Krokodils, und gezeichnet.

★ **Leicht:** *Die unterschiedlichen Tiere liegen als ausgeschnittene Vorlagen bereit, werden nach dem Würfeln von den Kindern zusammengestellt, aufgeklebt und farbig gestaltet.*

★★ **Mittel:** *In vorbereiteten Schalen stehen Bilder von Körperteilen (Ordnung: Kopf, Mittelteil, Endteil) unterschiedlicher Tiere zur Auswahl. Die Kinder ziehen diese, kleben sie auf und ergänzen sie bei Bedarf.*

★★★ **Schwer:** *Die beschriebene Variante ist als schwer einzustufen.*

Förderziele: Experimentierfreude, Umsetzen neuer Ideen, künstlerisch-ästhetische Ausdrucksfähigkeit

Impuls 6: Eine Häuserreihe an der Leine

Abb. 15: Häuserreihe an der Leine

Zeit: 20 min
Gruppengröße: bis 20 Kinder
Schwierigkeit: ★ bis ★★

Materialien: Stifte, Schere, Klebstoff, Wäscheleine, Holzwäscheklammern, vorgezeichnete Hausformen (Hausvorlagen) bzw. Papierreste / weißer Fotokarton

Durchführung: Die Kinder wählen aus den vorbereiteten Hausformen eine aus und gestalten ihre Häuser. Diese werden anschließend ausgeschnitten und auf die Wäscheklammern geklebt (Abb. 15). Dabei bestimmt die Möglichkeit des Aufhängens der Wäscheklammer auch die Richtung des Hauses auf der Wäscheklammer. An der Wäscheleine entsteht ein Dorf mit den Häusern der Kinder, das z. B. durch Bäume und Tiere ergänzt werden kann.

Tipp

Die Hausvorlagen/Papierreste sollten nicht größer als DIN A7 sein, da die Formatvorgabe die Größe des Hauses beschränkt. Günstig ist auch, die Häuser erst nach dem Gestalten auszuschneiden.

Leicht: *Die beschriebene Variante ist als leicht einzustufen, wenn die Hausformen vorgegeben sind. Das Ausschneiden kann durch die pädagogische Fachkraft erfolgen.* ★

Mittel: *Eigene Häuser werden auf Papierresten gestaltet und selbst ausgeschnitten. Die Kinder kleben aus Buntpapierresten die Hausteile wie Dach und Fenster auf und ergänzen diese durch Zeichnen.* ★★

Weitere Variationen: *Statt Häuser wird eine Karawane mit unterschiedlichen Tieren, eine Freundschaftskette mit menschlichen Figuren oder lustige Teekannen gestaltet und angeklammert.*

Förderziele

künstlerisch-ästhetische Ausdrucksfähigkeit, kreativer Umgang mit Material, Umsetzen neuer Ideen

Impuls 7: Unsere Kita und wir (Collage)

Zeit: ca. 20 bis 45 min an mehreren Tagen
Gruppengröße: max. 15 Kinder
Schwierigkeit: ★ bis ★★★

Materialien: vorbereitete Umrisse der Gebäude und des Einrichtungsgeländes auf Papier, Farben, Pinsel, Fotos von den Kindern, Schere, Kleber

Durchführung: Die Kinder erforschen mit der pädagogischen Fachkraft das Gelände der Kindertageseinrichtung. Für die Gestaltung stellt die pädagogische Fachkraft vorbereitete Umrisse und Bilder der Gebäude und des Geländes auf Papier großformatig zur Verfügung. Die Kinder stellen mit diesen Gebäuden ihre Kindertageseinrichtung wie in einem Plan gemeinsam zusammen, indem sie die Formen auf ein großes Blatt legen. Durch Kinder oder Kindergruppen werden einzelne Teile ausgewählt, farbig gestaltet und aufgeklebt. Wege, Sträucher, Spielgeräte, Bänke usw. können mit Stiften und Farben ergänzt werden. Abschließend kleben die Kinder ein Foto von sich in ihren Plan der Kindertageseinrichtung.

★ **Leicht:** *Kinder, die beim Schneiden Schwierigkeiten haben, erhalten Unterstützung.*

★★ **Mittel:** *Die beschriebene Variante ist als mittelschwer einzustufen.*

★★★ **Schwer:** *Gebäudeformen werden nicht vorgegeben, sondern von den Kindern selbst gestaltet und ausgeschnitten.*

Weitere Variationen: *Mit Bausteinen/Kartons wird die räumliche Situation des Einrichtungsgeländes nachempfunden und gestaltet.*

Das Thema wird abgewandelt, z.B. „Mein Zuhause und ich" oder „Meine Wunsch-Kindertageseinrichtung".

Förderziele: sprachliche und künstlerisch-ästhetische Ausdrucksfähigkeit, räumlich-visueller Perspektivwechsel, kreativer Umgang mit Material

Impuls 8: Aus einem großen Schnipsel-Berg, da lugt ein klitzekleiner Zwerg

Abb. 16: Gestalten mit Zeitungsschnipseln

Materialien: Zeitungen im Schwarz-Weiß-Druck, eventuell Prospekthüllen zur Aufbewahrung der Reste, Zwerge mit roter Mütze aus Papier, Klebstoff, Untergrund

Zeit:
mind. 3–4 x 30 bis 45 min
Gruppengröße:
ca. 10 Kinder
Schwierigkeit:
★ bis ★★★

Durchführung: Die Kinder zerreißen Zeitungspapier in kleine Schnipsel. Jedes Kind wählt einen vorbereiteten Zwerg aus, platziert ihn auf dem Untergrund und schichtet über ihm einen zweidimensionalen Schnipselberg so auf, dass nur noch ein Stück vom Zwerg hervorlugt (Abb. 16). Das Aufkleben der Schnipsel kann hier in seinen Teilschritten geübt werden.

Leicht: *Die beschriebene Variante weist eine leichte Schwierigkeit auf.* ★
Mittel: *Der Zwerg mit der roten Mütze wird von den Kindern nach einer Schablone selbst gestaltet.* ★★
Schwer: *Der Zwerg mit der roten Mütze wird von den Kindern frei gestaltet.* ★★★
Weitere Variationen: *Unter dem Schnipselberg können auch andere Gegenstände versteckt werden (z.B. Spielzeugautos). Das Prinzip lässt sich auch auf die Natur übertragen, z.B. zum Thema „Igelversteck im Blätterhaufen".*

Förderziele

Experimentierfreude, Erkunden neuer Techniken, kreativer Umgang mit Material, räumlich-visueller Perspektivwechsel

Impuls 9: Märchenhafte Tafel

Materialien: eine lange Bahn Papier (z.B. Tapete), Stifte, Farbe, evtl. Kostüme, für die zu gestaltenden Gegenstände und den Tischschmuck werden Extrablätter zur Verfügung gestellt, die dann ausgeschnitten und aufgeklebt werden können

Zeit:
20 bis 30 min
Gruppengröße:
5 bis 7 Kinder pro Festtafel
Schwierigkeit:
★ bis ★★★

Durchführung: Zur Einstimmung wird ein Märchen vorgelesen bzw. gemeinsam erzählt. Die *sieben Zwerge/Dornröschen/Hänsel und Gretel* nehmen nun eine Mahlzeit ein. Wie wird die Festtafel wohl aussehen? Die lange Papierbahn wird ausgerollt, jeder sucht sich seinen Platz an der zu gestaltenden Tafel. Der Tisch wird gemeinsam gemäß des Märchens „gedeckt" (eventuell kurze Demonstration durch die Fachkraft).

Leicht: *Die Kinder wählen ein Teil aus, das sie für die Tafel gestalten möchten, z.B. Gabel, Teller, Becher, Apfel. Mit vorbereiteten Gegenständen wird das Gruppenbild ergänzt.* ★

★★ **Mittel:** *Jedes Kind gestaltet sein eigenes Gedeck (bei jüngeren Kindern ist der Einsatz von Schablonen möglich), passende Requisiten müssen nur noch ausgewählt werden.*

★★★ **Schwer:** *Die Kinder gestalten den Tisch gemeinsam, Requisiten müssen z.T. noch selber hergestellt werden.*

Weitere Variationen: *Je eine Teilgruppe gestaltet bestimmte Teile der Festtafel (Gruppe für Teller, Gruppe für Becher, Gruppe für Bestecke, Gruppe für Tischdeko usw.). Abschließend wird die Festtafel zusammengestellt.*

Förderziele: künstlerisch-ästhetische Ausdrucksfähigkeit, räumlich-visueller Perspektivwechsel, kreativer Umgang mit Material

Impuls 10: Das verzauberte Spielzeug (Assemblage)

Zeit: ca. 20 min
Gruppengröße: Kleingruppen mit 2 bis 3 Kindern
Schwierigkeit: ★★

Materialien: ausrangiertes Spielzeug, Pappe, Schachteln, Bänder, Plakat- oder Acrylfarben, die farblich zum ausgewählten Material passen und deckend sind (in Töpfen zum Tauchen oder zum Anmalen mit Schwämmen und Pinseln), Malerkittel, Brillen mit farbigen Folien oder farbige Gläser

Durchführung: Die Kinder betrachten Gegenstände wie ausrangiertes Spielzeug, Pappen, Schachteln usw. Die gleichen Gegenstände werden durch Brillen mit Farbfolie oder farbige Gläser angesehen. Sie leuchten dadurch in anderen Farben und die Kinder entdecken die bekannten Dinge neu.

Das Spiel *„Ich sehe was, das du nicht siehst"* regt die Kinder an, Gegenstände in einer bestimmten Farbe zu gestalten und so zu verzaubern. Drei bis vier Kinder bilden eine Gruppe. Sie wählen unterschiedliche Dinge, malen sie in der gleichen Farbe, z.B. Blau, an und stellen diese in einem Rahmen oder Karton zusammen. Diese Assemblage kann mit zusätzlichen blauen Dingen ergänzt werden, z.B. mit Bändern, Perlen oder Pailletten.

In der gemeinsamen Auswertung des Gestaltungsprozesses geht es um die neue Wirkung der verzauberten Gegenstände.

Weitere Variationen: *Die Gruppenarbeit wird zu einem bestimmten Bereich wie Musik, Natur oder Sport durchgeführt. Zum Bereich Sport bilden z.B. alte Turnschuhe, Ball, Seil und Kegel einen Farbzusammenhang.*

Förderziele: kreativer Umgang mit Material, räumlich-visueller Perspektivwechsel, Erkunden neuer Techniken, künstlerisch-ästhetische Ausdrucksfähigkeit

Impuls 11: Bäume wie Träume

Abb. 17: Bäume aus Pfeifenputzerdraht

Materialien: Pfeifenputzerdraht, weiße Stoffstreifen

Zeit: 20 bis 30 min
Gruppengröße: max. 10 Kinder
Schwierigkeit: ★★ bis ★★★

Durchführung: Die pädagogische Fachkraft regt die Kinder an, Bäume im Schnee zu betrachten und deren Merkmale zu beschreiben. Nach der Demonstration durch die pädagogische Fachkraft biegen je zwei Kinder gemeinsam vier bis fünf Stücke Pfeifenputzerdraht von ca. 20 cm zu Baumstämmen ineinander. Der untere Teil wird von den Partnern auseinandergebogen, um den Baum aufzustellen. Der obere Teil wird zu Ästen und Zweigen geformt. Weiße Stoffstreifen von ca. 10 cm Länge werden über die Äste gelegt (Abb. 17). Alle Objekte werden vorgestellt, betrachtet und beschrieben. Als Baumgruppe auf einem Tisch, einer Platte oder dem Fensterbrett bilden die Bäume einen kleinen Winterwald.

Mittel: *Das Thema „Winterwald" wird als Collage mit weißen Stoffstreifen auf dunklem Papier umgesetzt.* ★★
Schwer: *Die beschriebene Variante ist als schwer einzustufen.* ★★★
Weitere Variationen: *Es werden Tiere aus Draht erstellt, beispielsweise zum Thema „Mein Traumtier".*
Es werden Spiele zum Thema „Baum" gemeinsam umgesetzt, z.B. das Bewegungsspiel zu „Viele Bäume steh'n im Kreise und die Luft bewegt sich leise".

Förderziele

Erkunden neuer Materialien, kreativer Umgang mit Material, sprachliche und künstlerisch-ästhetische Ausdrucksfähigkeit

Impuls 12: Wundervögel

Abb. 18: Wundervögel aus Papier

Zeit: mehrmals 20 bis 45 min
Gruppengröße: 10 Kinder
Schwierigkeit: ★★ bis ★★★

Materialien: für jedes Kind zwei Karten (ca. 12 x 10 cm), eine Schablone für Vogelkörper mit Kopf, eine weitere Schablone für Flügel mit Falz, Farbe, Pinsel, Stifte, Schere, Klebestift, evtl. Draht und Bänder oder Stäbe (ca. 20 cm)

Durchführung: Die Kinder beobachten Vögel, stellen Gemeinsamkeiten und Unterschiede fest, z. B. in Größe, Form und Farbe. Die pädagogische Fachkraft zeigt Modelle von bereits zusammengesetzten Vögeln, die noch nicht gestaltet sind (Entwicklung der Vorstellungskraft). Die Kinder wählen die Vorlagen zur Gestaltung ihres Wundervogels aus (Körper mit Kopf und Flügel mit Falz) und gestalten nun das Federkleid, den Schnabel und den Schwanz des Wundervogels nach eigenen Vorstellungen mit den zur Verfügung stehenden Materialien. Sie stellen ihren Vogel zusammen und kleben die Flügel an (Abb. 18). Abschließend werden die gestalteten Wundervögel betrachtet.

★★ **Mittel:** *Die fertigen Wundervögel werden durch Montage auf kleinen Holzstäben (mit entsprechendem Schlitz) zu Stabpuppen. Diese können im weiteren Spiel genutzt werden.*

★★★ **Schwer:** *Damit das Zusammenstellen der Wundervögel zu einem Raumschmuck in Form eines Mobiles gelingt, ist es hilfreich, den Aufbau in Arbeitsschritten zu demonstrieren. Dann können mehrere Kinder zusammen ein Mobile gestalten. Um zur Gestaltung von Mobiles anzuregen, werden Arbeiten von Alexander Calder betrachtet.*

Weitere Variationen: *Es werden Schmetterlings-, Formen- oder Blütenmobiles erstellt.*

Förderziele

sprachliche und künstlerisch-ästhetische Ausdrucksfähigkeit, Erkunden neuer Materialien, kreativer Umgang mit Material

Impuls 13: Viele Häuser werden unser Dorf / unsere Stadt

Materialien: Bausteine, großes Papier, um das Dorf oder die Stadt aufzubauen

Zeit: 20 bis 50 min
Gruppengröße: 15 Kinder
Schwierigkeit: ★ bis ★★

Durchführung: Beim Spaziergang wird der Ort bzw. das Wohngebiet erkundet. Dabei schauen die Kinder markante Bauwerke genauer an. Sie vergleichen anhand gezielter Fragen die unterschiedlichen Häuser (z.B. Größe, Breite, Farbe, Dach- und Fensterformen, Türme). Anschließend entstehen im Gruppenraum mit den vorhandenen Materialien Bauwerke. Der Untergrund wird entsprechend gestaltet (z.B. Straßen, Gehwege, Vorgärten, Sportplatz). So wird der Ort oder Stadtteil in klein nachgebaut oder neu aufgebaut. Es entsteht ein dreidimensionaler Ortsplan als Modell.

Leicht: *Vorhandene kleine Häuser (z.B. aus Holz) werden für den Aufbau genutzt.* ★
Mittel: *Die beschriebene Variante ist als mittelschwer einzustufen.* ★★
Weitere Variationen: *(Schuh-)Kartons werden zum Errichten der einzelnen Bauwerke genutzt.*

Förderziele
räumlich-visueller Perspektivwechsel, kreativer Umgang mit Material, künstlerisch-ästhetische Ausdrucksfähigkeit

4.2 Problemlösungskompetenz

Impuls 14: Die kreative Kiste

Materialien: eine kleine Kiste für jedes Kind, gefüllt mit verschiedenen Materialien (z.B. Stoffreste, Fäden, Kordeln, Papierfetzen, kleine Gegenstände); Untergründe wie Pappteller, Pappe oder Bretter, auf denen die Dinge neu zu arrangieren sind, sowie Leim, Stifte und Pinsel stehen allen zur Verfügung

Zeit: ca. 30 bis 45 min
Gruppengröße: 10 Kinder
Schwierigkeit: ★★ bis ★★★

Durchführung: Die pädagogische Fachkraft bereitet entsprechend der Anzahl der Kinder kleine Kisten vor, die mit unterschiedlichen Materialien gefüllt sind. Jedes Kind erhält eine Kiste, wählt aus seinen Materialien aus und stellt diese neu auf dem Untergrund zusammen (Assemblage). Dabei probieren die Kinder verschiedene Möglichkeiten der Anordnung aus, bevor sie das Material mit Leim fixieren. Die Kinder können die aufgeklebten Materialien durch selbst gewählte Formen und Zeichen, z.B. mit Stiften und Pinseln, bildnerisch ergänzen. Durch das Betrachten von Kunstwerken wie von A. R. Penck, Sigmar Polke, Strawalde oder Gerhard Richter, kann der experimentelle Umgang mit Materialien im künstlerischen Gestalten sichtbar gemacht werden.

★★ **Mittel:** *Die beschriebene Variante ist als mittelschwer einzustufen.*
★★★ **Schwer:** *Ein Kind bereitet für ein anderes Kind die Kiste vor, in der sich Pinsel, Papier, Kleber und andere ausgewählte kleine Gegenstände befinden.*
Weitere Variationen: *Statt der Kiste erhält jedes Kind eine Tasche, eine „Wundertüte" oder ein Säckchen mit Materialien, die individuell zusammengestellt sind.*

Förderziele: konstruktiver Umgang mit Herausforderungen, Innovationsfähigkeit, eigene Lösungen suchen

Impuls 15: Lauter Schilder – immer wilder

Zeit: ca. 30 bis 45 min
Gruppengröße: 15 Kinder
Schwierigkeit: ★ bis ★★

Materialien: Karton oder feste Pappe (mind. DIN A4) in verschiedenen geometrischen Formen, Bilder von Verkehrs- und / oder Straßenschildern, Gestaltungsmaterial wie Farben und Pinsel, Stifte, Schablonen, Bilder aus Zeitschriften

Durchführung: Die Kinder kennen verschiedene Verkehrs- und Straßenschilder (im Rahmen der Verkehrserziehung). Sie wiederholen Formen und Farben der Verkehrsschilder und deren Bedeutungen. Dieses Wissen wird für die Erstellung eigener Schilder genutzt, z.B. „Rund und rot heißt Verbot": In einem runden, rot umrandeten Schild wird das Bild einer Schere platziert. Das bedeutet, dass das Benutzen einer Schere verboten ist. Die verschiedenen Schilder werden später zur Organisation des Alltags in der Kindertageseinrichtung genutzt (z.B. „Hauen verboten!", „Bitte aufräumen!", „Bauen erlaubt!").

★ **Leicht:** *Die passenden Formen für die Schilder sowie die Abbildungen für mögliche Verbote und Gebote stehen zur Verfügung. Die Kinder können diese kreativ zusammenstellen und ergänzen.*
★★ **Mittel:** *Die beschriebene Variante ist als mittelschwer einzustufen.*
Weitere Variationen: *Es werden Verbots-, Gebots- und Hinweisschilder für die Wege in der Kindertageseinrichtung (Straßenschilder wie Leisegang-Weg, Krabbelsteg, Einbein-Sprung-Gasse) gemeinsam erstellt.*

Förderziele: Innovationsfähigkeit, eigene Lösungen suchen, konstruktiver Umgang mit Herausforderungen

Impuls 16: Wir zaubern einen Regenbogen

Materialien: Sand, Steine, Schaufeln, Wasserschlauch, Sonne

Zeit: 20 min
Gruppengröße: bis 20 Kinder
Schwierigkeit: ★ bis ★★

Durchführung: Mit den Kindern wird im Kreis über Naturphänomene gesprochen. Die pädagogische Fachkraft fragt: „Könnt ihr auch einen Regenbogen zaubern?", und bietet die unterschiedlichen Materialien im Freien an. Die Kinder wählen selbst das Material aus und experimentieren.

Leicht: *Die pädagogische Fachkraft gibt den Hinweis, dass zwei Materialien (Wasser und Sonne) ausreichen, um den Regenbogen entstehen zu lassen.* ★

Mittel: *Die Kinder wählen aus den vorhandenen Materialien aus und experimentieren frei, ohne Hinweise durch die Fachkraft.* ★★

Förderziele: konstruktiver Umgang mit Herausforderungen, Erforschen von Funktionsweisen, Innovationsfähigkeit

Impuls 17: Kleine Höhlenforscher

Materialien: Decken, Stoffbahnen, große Tücher, große Kartons

Zeit: 20 bis 50 min
Gruppengröße: 15 Kinder, je nach Raumgröße
Schwierigkeit: ★★

Durchführung: Die Kinder bauen mit den Materialien im Raum (um Tische, Stühle o.ä.) Höhlen und erproben dabei die Zweckmäßigkeit der Baumaterialien. Die pädagogische Fachkraft regt zum Spiel in den Höhlen an. Sie bittet beispielsweise einzelne Kinder, in jeder Höhle einen Schatz zu verstecken, z.B. Bastelmaterial oder ein bekanntes Spiel. Die anderen Kinder werden aufgefordert, die Höhlen zu erforschen, den Schatz zu heben und mit in den Kreis zu bringen.

Achtung: Sicherheit bei Materialauswahl und -nutzung beachten!

Weitere Variationen: *Die Fachkraft kann einen Bezug zur Natur herstellen und mit den Kindern dazu ins Gespräch kommen, z.B. lernen die Kinder tierische Höhlenbaumeister kennen wie Maulwurf, Fuchs, Biber, Bär (mit Bildern zu deren Tierhöhlen). Diese Tierbauwerke werden im Anschluss gemalt oder als Collage gestaltet.*

Förderziele: konstruktiver Umgang mit Herausforderungen, Erforschen von Funktionsweisen

Impuls 18: Treppauf, treppab

Zeit:
20 min
Gruppengröße:
15 Kinder
Schwierigkeit:
★ bis ★★★

Materialien: Bausteine, Sand (im Sandkasten), verschiedene Hölzer, gefalztes Papier

Durchführung: Treppen werden als Möglichkeit des Überwindens von Höhenunterschieden erlebt (z.B. im Rahmen einer Exkursion). Dabei erfassen die Kinder bauliche Besonderheiten, die sie in ihren eigenen Treppenbauten umsetzen sollen. Die Kinder werden in kleine Gruppen geteilt und bauen mit den bereitgestellten Materialien Treppen. Abschließend werden die einzelnen Bauwerke verglichen.

★ **Leicht:** *Die Kinder erhalten ein begonnenes Treppenbauwerk und bauen daran kreativ weiter. Die pädagogische Fachkraft unterstützt bei Bedarf.*
★★ **Mittel:** *Teilschritte des Bauens werden anfangs von der Fachkraft demonstriert.*
★★★ **Schwer:** *Die beschriebene Variante ist als schwer einzustufen.*
Weitere Variationen: *Eine Treppe oder Leiter wird als Blumentreppe gestaltet. Kunstwerke zu Treppen wie bei Maurits Cornelis Escher oder Fotos von Treppen können betrachtet und mit dem eigenen Bauwerk verglichen werden.*

Förderziele
konstruktiver Umgang mit Herausforderungen, Erforschen von Funktionsweisen, eigene Lösungen suchen

Impuls 19: Buntes Wasserxylophon

Zeit:
30 bis45 min
Gruppengröße:
max. 15 Kinder
Schwierigkeit:
★ bis ★★

Materialien: Wasser in Gläsern mit Deckeln (oder andere durchsichtige, verschließbare Gefäße), Materialien zum Einfärben von Flüssigkeiten (z.B. Lebensmittelfarben, Pflanzensäfte), Malerkittel

Durchführung: Entsprechend dem Entwicklungsstand der Kinder wird das Einfärben der Flüssigkeiten in Gefäßen durch die Kinder selbst vorgenommen oder durch die Fachkraft unterstützt.

Die Kinder experimentieren durch das Ineinanderschütten von Flüssigkeiten mit Farbtönen. Dabei beobachten und beschreiben sie die Veränderungen anhand von Fragen: z.B. „Wie wird ein Farbton heller?", „Wie verändert Rote-Beete-Saft die Farbe, wenn wenig Wasser zugefügt wird?" und „Welche Farbe nimmt er mit viel Wasser an?". Die Farbergebnisse können in Flaschen oder Gläsern als eine flüssige Farbkartei ausgestellt werden.

Es bietet sich ein Arbeiten im Freien an.

Tipp

Leicht: *Es werden vorbereitete, gefärbte Flüssigkeiten zur Verfügung gestellt.* ★
Mittel: *Die beschriebene Variante ist als mittelschwer einzustufen.* ★★
Weitere Variationen: *In Gläsern mit unterschiedlicher Füllhöhe ergeben die bunten Flüssigkeiten ein Klangxylophon, bei dem jeder Ton eine andere Farbe hat.*

Erforschen von Funktionsweisen, eigene Lösungen suchen, konstruktiver Umgang mit Herausforderungen

Förderziele

Impuls 20: Verkleiden zum Jahreszeitenbild

Zeit: mind. 20 min
Gruppengröße: 3 bis 4 Kinder
Schwierigkeit: ★ bis ★★

Materialien: Stoffe, Kostüme entsprechend der gewählten Jahreszeit (Bereitstellen einer Kostümkiste bzw. Verkleidungstruhe mit Kostümen und Stoffen), Schmuck und schmückendes Material (z. B. Federn, Schleifen, Hüte)

Durchführung: Mit den Kindern wird die Jahreszeit, z. B. der Herbst, besprochen. Merkmale wie Temperatur, Tageslänge, Farbigkeit sowie Veränderungen an Pflanzen und Tieren werden thematisiert. Die Kinder erfühlen und erkunden die bereitgestellten Materialien (Stoffe, Federn, Schleifen usw.). Sie wählen aus, welche davon zur besprochenen Jahreszeit passen. Dann nutzen sie Stoffe und Kostüme aus der Kleidertruhe und verkleiden sich dem Thema entsprechend. Die Kinder beantworten in der Gruppe Fragen wie „Wer bin ich?“ und „Wer möchte ich in unserem Bild von der Jahreszeit sein?“, z. B. der Herbstwind, ein Herbstbaum oder ein Tier im Herbst. Auf ein Signal hin erfolgt eine Zusammenstellung bzw. Aufstellung der verkleideten Kinder zu einem Jahreszeitenbild. Die pädagogische Fachkraft dokumentiert mit einem Foto der Gruppe das Ergebnis (Datenschutz beachten).

Leicht: *Die zur Jahreszeit passenden Materialien sind vorsortiert.* ★
Mittel: *Die beschriebene Variante ist als mittelschwer einzustufen, da die Kinder Farbe und Material selbstständig zuordnen können.* ★★
Weitere Variationen: *Puppen und Spielfiguren werden zu einem Thema verkleidet und aufgestellt.*
Für jede Jahreszeit erarbeitet eine Gruppe von Kindern ein passendes Bild, eine Szene (Performance) oder ein Spiel, z. B. ein Herbstmandala mit herbstlichen Farben und Materialien oder ein Herbst-Memo-Spiel für die jüngere Gruppe.

eigene Lösungen suchen, konstruktiver Umgang mit Herausforderungen

Förderziele

Impuls 21: Schattenspiele

Zeit:
15 min
Gruppengröße:
bis 25 Kinder
Schwierigkeit:
★ bis ★★★

Materialien: Lichtquelle (Strahler), ggf. Schablonen, Karton und Transparent- oder Seidenpapier

Durchführung: Die Kinder setzen sich mit Licht und Schatten auseinander. Die pädagogische Fachkraft formuliert ein Problem, z.B. „Wie können wir ein Monster erschaffen, ohne es zu bauen, zu zeichnen oder zu malen? Als Hilfsmittel sind nur Lampe und Wand erlaubt." Die Lösung wird gemeinsam im Kreis gefunden: Mit den Fingern formen die Kinder zu zweit oder allein ihre Schattenmonster.

★ **Leicht:** *Die Kinder arbeiten mit Schablonen. Aus einem Karton und Transparent- oder Seidenpapier kann ein Schattentheater gebastelt werden.*
★★ **Mittel:** *Die beschriebene Variante ist als mittelschwer einzustufen.*
★★★ **Schwer:** *Die Schattenfiguren interagieren an der Wand.*

Förderziele

konstruktiver Umgang mit Herausforderungen, Erforschen von Funktionsweisen, Innovationsfähigkeit

4.3 Sachkompetenz

Impuls 22: Farbengeburtstag

Zeit:
15 bis 20 min
Gruppengröße:
6 bis 8 Kinder
Schwierigkeit:
★ bis ★★★

Materialien: Fingermalfarben (mindestens Gelb, Rot und Blau), Blatt Papier

Durchführung: Die Kinder benennen die ausgewählten Farben, die wie Gäste zum Geburtstag eingeladen werden. Mit dem Finger werden die entsprechenden Farbspuren auf das Blatt gesetzt.

Beim Betrachten der Bilder geht es darum, die verschiedenen Spuren der Farbgeburtstagsparty zu erkennen und zu beschreiben, z.B. „Wer war zum Farbengeburtstag eingeladen?", „Tanzt das Gelb mit dem Rot?" usw.

★ **Leicht:** *Die beschriebene Spielvariante ist leicht.*
★★ **Mittel:** *In der mittleren Variante werden noch weitere Farben als Gäste hinzugenommen.*

Schwer: *Die Kinder experimentieren, indem sie die vorhandenen Farben mischen, also „Farbenfreunde" benennen (z.B. Rot und Gelb = Orange, Blau und Rot = Lila), oder sie erzielen durch die unterschiedliche Dosierung des Wassers Farbeffekte.* ★★★

Weitere Variationen: *Statt mit den Fingern wird mit dem Pinsel, Schwamm oder Spachtel gearbeitet. Da hierbei bessere feinmotorische Kompetenzen erforderlich sind, sind diese Varianten der Schwierigkeitsstufe 2 (mittel) oder 3 (schwer) zuzuordnen.*

Eine kooperative Spielvariante ist die Partnerarbeit. Dabei gestalten jeweils zwei Kinder den Farbengeburtstag auf einem Blatt. Die Kinder setzen immer abwechselnd ihre Farbspuren.

Förderziele

Wissen über den Umgang mit Material, Wahrnehmung von Materialeigenschaften, Wissen über Materialeigenschaften, Kenntnis und Anwendung spezifischer Fachausdrücke

Impuls 23: Plitsch-Platsch-Bilder

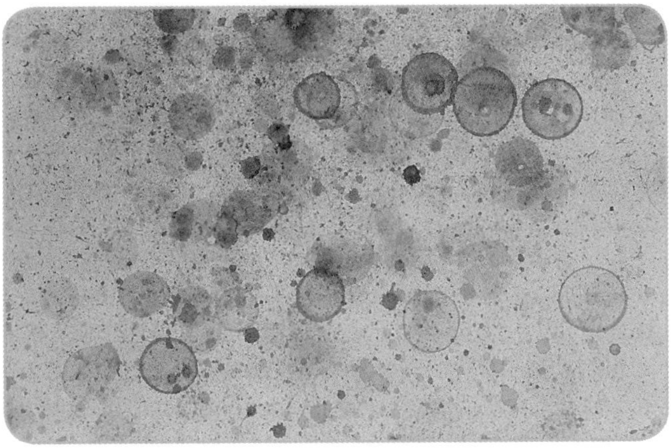

Abb. 19: Bild aus Seifenblasen

Zeit: 20 min
Gruppengröße: 5 Kinder
Schwierigkeit: ★

Materialien: Seifenblasenlauge plus Blasringe, saugfähiges Papier oder Leinwand, mehrere kleine Schüsseln oder Schälchen, wasserlösliche ungiftige Farbe (z. B. Seifenfarbe, Lebensmittelfarbe, Temperafarbe), ggf. Kittel

Durchführung: Die Seifenblasenlauge wird in den Schüsseln und Schälchen mit etwas Farbe gemischt und gut mit dem Strohhalm verrührt. Das Papier wird auf dem Rasen des Außengeländes ausgebreitet oder die Leinwand an einer Wäscheleine aufgehängt. Die Kinder tauchen die Blasringe in die gefärbte Seifenlauge und pusten Blasen auf das Papier oder die Leinwand. Wenn die

Seifenblase zerplatzt, hinterlässt sie dort Farbspuren (Abb. 19). Anschließend müssen die Bilder gut getrocknet werden.

Förderziele

Wahrnehmung unterschiedlicher Materialeigenschaften, Wissen über unterschiedliche Materialeigenschaften, Wissen über den Umgang mit Material

Impuls 24: Farbspuren aus der Natur

Zeit: mind. 2 x 30 min
Gruppengröße: bis zu 15 Kinder
Schwierigkeit: ★ bis ★★

Materialien: Gräser, Blätter, Blüten, Früchte, Steine, Sand etc., Papiere in hellen Farben, auf denen die zarten Farbstoffe/Farbpigmente der Naturmaterialien wirken können

Durchführung: Mit den Kindern werden farbige Naturmaterialien gesammelt. Gemeinsam wird ausprobiert, ob und welche Farbspuren die Materialien hinterlassen (Spuren von Kalkstein, Holunderbeeren, Gräsern usw.) und welche Verarbeitung (Zugabe von Wasser, Zerstoßen, Zerreiben o.ä.) hilfreich für die Verwendung als Farbe ist. Anschließend werden mit den ausgewählten Materialien Bilder gestaltet.

★ **Leicht:** *Die beschriebene Variante ist als leicht einzustufen.*
★★ **Mittel:** *Flächen werden mit Naturmaterialien farbig gestaltet. Daraus werden Formen geschnitten oder gerissen und neu zusammengefügt, z.B. als Blüten im Frühling.*
Weitere Variationen: *Mit den gesammelten Naturmaterialien werden Muster gelegt, z.B. ein Kastanienmandala oder ein Muster aus Blättern und Früchten.*

Förderziele

Wahrnehmung unterschiedlicher Materialeigenschaften, Wissen über unterschiedliche Materialeigenschaften, Wissen über den Umgang mit Material, Kenntnis und Anwendung spezifischer Fachausdrücke

Impuls 25: Blaue Stunde

Zeit: ca. 2 x 30 min
Gruppengröße: max. 15 Kinder
Schwierigkeit: ★ bis ★★

Materialien: Farbe oder Papiere in unterschiedlichen Blautönen (Farbbeschränkung), evtl. blaues Licht, blaue Tücher, Pinsel, Malgründe wie blaugraues Tonpapier oder selbst geschöpftes Papier

Durchführung: Im Kreisgespräch, z.B. im Morgenkreis, benennen die Kinder Dinge, die blau sind. Dafür kann z.B. das Spiel „Ich sehe was, das du nicht siehst, und das ist blau." genutzt werden. Anhand der benannten und weiterer Dinge werden blaue Farbtöne exakter beschrieben (z.B. „blau wie meine Hose", „blau wie die Wand" usw.). Die Kinder ordnen die blauen Dinge und Farben z.B. nach Helligkeit oder nach Leuchtkraft.

Mit den Farben werden dann selbst blaue Farbtöne gemischt, auf das Papier aufgetragen und blaue Spuren gezogen. Die gestalteten blauen Bilder/Farbübungen können zu neuen Formen zusammengesetzt werden.

Leicht: *Mithilfe von Schablonen und blauem Papier können die Kinder neue Formen schneiden und diese zu interessanten Bildern zusammenstellen, z.B. „blaue Ballons", „lauter blaue Autos" oder „nur blaue Stifte".* ★
Mittel: *Die beschriebene Variante kann als mittelschwer eingestuft werden.* ★★
Weitere Variationen: *In Gruppen- oder Partnerarbeit wird gemeinsam zum Blau geforscht, die Farbtöne verglichen und zu einem Bild zusammengesetzt.*

Förderziele

Wahrnehmung unterschiedlicher Materialeigenschaften, Wissen über unterschiedliche Materialeigenschaften, Wissen über den Umgang mit Material, Kenntnis und Anwendung spezifischer Fachausdrücke

Impuls 26: Mein kleines Stück vom Himmel

Zeit: mind. 2 x 30 min
Gruppengröße: max. 15 Kinder
Schwierigkeit: ★★ bis ★★★

Materialien: DIN-A5-Blätter/-Karten, Farben (z.B. mit Wasser verdünnbare Farben, Aquarellfarben, deckendes Farbmaterial wie Gouache-, Acryl- oder Plakatfarbe) aus der Farbfamilie Blau-Grün-Grau sowie Weiß und Schwarz (zum selbstständigen Hellen, Dunkeln und Trüben), Pinsel

Durchführung: Mit den Kindern wird der Himmel betrachtet, Wolkenformen und -zug beobachtet. Dabei wird die blaue Farbfamilie beschrieben, die Farbtöne differenziert und genauer untersucht (hellblau, dunkelblau, blaugrau, grünblau). Jedes Kind gestaltet dann seinen Himmel durch Mischen der Farben auf DIN-A5-Blättern oder -Karten und malt diese ganz aus. Die entstandenen Bilder (Himmelsstückchen) der Kinder werden zusammengefügt zu einem großen Bild. Es kann einmalig zusammengelegt (zur Demonstration der einzelnen Stücke als Teil eines Ganzen) oder für einen großen Himmel zusammengeklebt werden.

Mittel: *Die beschriebene Variante ist als mittelschwer einzustufen.* ★★
Schwer: *Die Farbpalette wird erweitert, z.B. durch Rot, Weiß und Schwarz. Der Himmel wird mit verschiedenen Techniken, Farben und Materialien weiter gestaltet (z.B. Luftballons, Drachen, Insekten).* ★★★

Weitere Variationen: *Statt des kleinen Stücks vom Himmel kann ein Stückchen Wiese, ein Stückchen Weg oder ein Stückchen Erde gemalt oder gestaltet werden.*

Förderziele

Wahrnehmung unterschiedlicher Materialeigenschaften, Wissen über unterschiedliche Materialeigenschaften, Wissen über den Umgang mit Material, Kenntnis und Anwendung spezifischer Fachausdrücke

Impuls 27: Farben-Kartenspiel

Zeit: mind. 2 x 30 min
Gruppengröße: max. 15 Kinder
Schwierigkeit: ★ bis ★★★

Materialien: kleine Karten (höchstens DIN A6), Farben, Stifte, Pinsel, Gegenstände in unterschiedlichen Farben (z.B. rotes, gelbes, grünes Auto, blauer, gelber, lila Baustein), verschiedenfarbige Papiere

Durchführung: Die Kinder beschreiben in der Gruppe Farben und Farbtöne anhand von Gegenständen, z.B. „Das ist ein hellblaues Auto." oder „Das ist ein dunkelgrüner Ball." Nun werden die Gegenstände und Materialien nach Farben sortiert, z.B. blaue Gegenstände auf blauem Grund, rote Gegenstände auf rotem Grund. Die Kinder werden einer Farbfamilie zugeordnet, z.B. durch Losen oder durch Abfrage der Lieblingsfarbe. Jede Kindergruppe gestaltet vier Karten (Quartett) in ihrer Farbfamilie, z.B. Rot, Orange und Gelb (warme Farben). Das kann gegenständlich oder frei erfolgen. Nach dem Trocknen wird mit den Karten gespielt, z.B. Wunschquartett.

★ **Leicht:** *Unterschiedliche farbige Stempelkissen liegen vor. Mit Fingerabdrücken und Stempeln können die Karten gestaltet werden.*
★★ **Mittel:** *Die beschriebene Variante ist als mittelschwer einzustufen.*
★★★ **Schwer:** *Die Formen oder Gegenstände auf den Karten können durch zusätzliche grafische Strukturen wie Muster ergänzt werden. Beispielsweise kann ein Rahmen gemustert werden.*
Weitere Variationen: *Durch Partner- oder Gruppenarbeit können sich die Kinder absprechen und Aufgaben untereinander verteilen, z.B. jedes Kind gestaltet eine Karte zum Quartett oder jedes Kind arbeitet mit einer Farbe an allen Quartettkarten.*

Förderziele

Wahrnehmung unterschiedlicher Materialeigenschaften, Wissen über unterschiedliche Materialeigenschaften, Wissen über den Umgang mit Material, Kenntnis und Anwendung spezifischer Fachausdrücke

Impuls 28: Alle meine Fingerlein

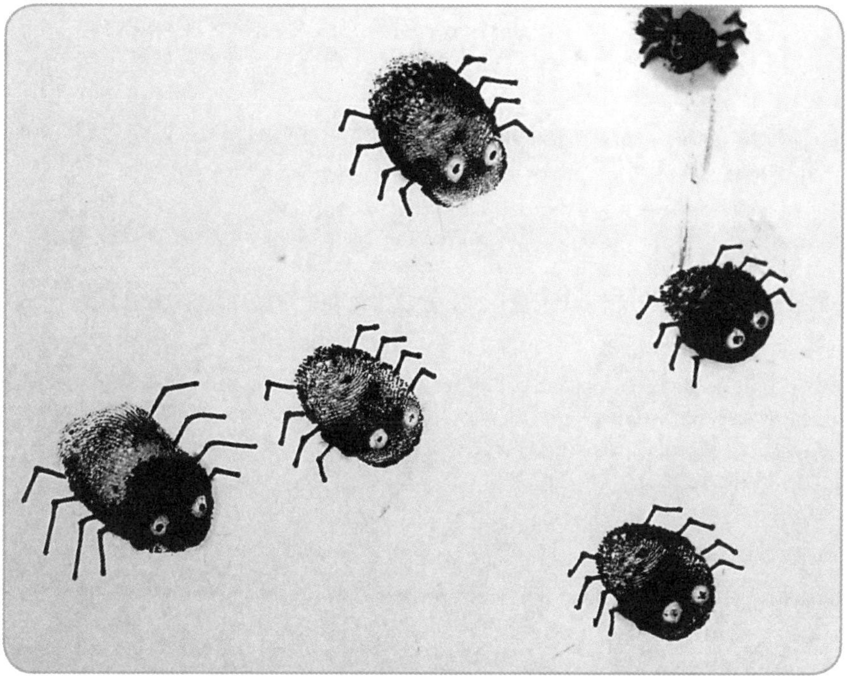

Abb. 20: Spinnen aus Fingerabdrücken

Zeit: mind. 20 min
Gruppengröße: max. 15 Kinder
Schwierigkeit: ★ bis ★★★

Materialien: feste Farbe (z. B. Wasserfarbe oder Temperafarbe in Form eines Farbenpucks), Wasser, Blatt Papier (Mindestgröße DIN A4) kleines Probierblättchen, Tuch zum Reinigen des Druckfingers

Durchführung: Durch die Fachkraft wird die Schrittfolge des Druckens mit Fingern demonstriert. Die Kinder tauchen einen Finger in Wasser, danach in Farbe ein, dann drücken sie den Finger auf das Blatt Papier. Hier fungiert der Finger als Druckstock. Der Fingerabdruck wird bzw. die Abdrücke werden zur weiteren Gestaltung genutzt, z. B. werden zuerst die Fingerabdrücke gesetzt, dann werden mit Stiften Arme, Füße, Haare usw. gemalt und die Abdrücke so zu Personen oder Tieren ergänzt (Abb. 20). In der Reflexion werden die Arbeiten beschrieben und ausgestellt.

Leicht: *Der Finger wird nur als Druck gesetzt (ohne zusätzliche Zeichnung), z. B. als Muster oder Schlange.* ★

Mittel: *Die Fingerabdrücke werden in der Anzahl begrenzt (drei bis fünf) und zu Figuren gestaltet, z. B. zum Thema „Meine Familie“ oder „Fingerdruck-Köpfe mit Mütze“.* ★★

★★★ **Schwer:** *Mit den Fingerabdrücken wird ein Bild gestaltet, z.B. ein Fußballspiel oder aus jedem Fingerabdruck wird ein Tier.*

Weitere Variationen: *Es entsteht eine Gemeinschaftsarbeit mit Druckergebnissen von jedem Kind.*

Förderziele

Wahrnehmung unterschiedlicher Materialeigenschaften, Wissen über unterschiedliche Materialeigenschaften, Wissen über den Umgang mit Material, Kenntnis und Anwendung spezifischer Fachausdrücke

Impuls 29: Strukturen-Forscher unterwegs

Zeit: mind. 3 x 30 min
Gruppengröße: max. 15 Kinder
Schwierigkeit: ★ bis ★★★

Materialien: Materialien der Umgebung mit verschiedenen Oberflächenstrukturen (Gegenstände mit glatten, weichen und rauen Oberflächen, z.B. Netze, Stoffe usw.), Fühlboxen, zur Anschauung der Strukturen Fotos / Bilder von unterschiedlichen Oberflächen (z.B. Wiese, Pflaster, Fell, Steine, Sand), grafische Mittel wie unterschiedliche Stifte, Kohle, Pinsel

Durchführung: Die Kinder ertasten / erfühlen in der Gruppe verschiedene Materialien und Oberflächen von Gegenständen, die in Fühlboxen präsentiert werden können. Sie beschreiben diese, z.B. als rau, glatt, zottelig, wellig. Die Kinder machen Vorschläge, wie sie die verschiedenen Oberflächenstrukturen in Bildern umsetzen können. Sie versuchen sich im Nachgestalten der Strukturen, z.B. gleichmäßig gestrichelt für ein glattes Fell, Striche in verschiedene Richtungen bei zotteligem Fell. Oberflächenstrukturen, die auf vorbereiteten Fotos zu sehen sind, können von den Kindern beschrieben und als Anregung genutzt werden. Die pädagogische Fachkraft begleitet mit Fragen zur Oberfläche von Materialien den Prozess des Erprobens und Gestaltens.

★ **Leicht:** *Die Kinder stellen eine Struktur bildlich dar, z.B. ein Fell mit Bleistift, Kohle oder Pinsel. Die verwendeten unterschiedlichen Techniken werden verglichen.*

★★ **Mittel:** *Jedes Kind stellt drei Oberflächenstrukturen bildlich dar. Die verwendeten unterschiedlichen Techniken werden verglichen.*

★★★ **Schwer:** *Die gesammelten Erfahrungen werden auf andere Flächen und Gegenstände übertragen. Die Kinder erfinden neue Strukturen und werden Struktur-Erfinder.*

Weitere Variationen: *Mithilfe von dünnem Papier werden verschiedene Oberflächen abgerieben (Frottage). Dadurch werden unterschiedliche Strukturen sichtbar (z.B. Struktur einer Wand, Struktur eines Steines, Struktur von Holz). Für*

eine Gemeinschaftsarbeit können Quadrate aus den entstandenen Frottagen geschnitten und zusammengestellt werden. Die Fachkraft kann unter dem Gesichtspunkt Strukturen Bilder, z.B. von Max Ernst zur Gestaltung des Gefieders von Vögeln in seinen Bildern (Wie hat der Künstler das gemacht?), mit den Kindern betrachten.

Förderziele

Wahrnehmung unterschiedlicher Materialeigenschaften, Wissen über unterschiedliche Materialeigenschaften, Wissen über den Umgang mit Material

Impuls 30: Im Schnipsel-Paradies

Zeit: mind. 2 x 30 bis 45 min
Gruppengröße: ca. 6 Kinder
Schwierigkeit: ★ bis ★★★

Materialien: Zeitungen, Zeitschriften, unterschiedliche Papierreste (in verschiedenen Farben), Scheren, Prospekthüllen für die Schnipsel vor der Weiterverarbeitung, Klebstoff, einfarbiger Zeichenkarton (mind. DIN A5) oder feste Zeichenblätter (z.B. Karteikarten)

Durchführung: Die Kinder lernen verschiedene Papiersorten durch Fühlen und Betrachten zu unterscheiden. Die Papiere werden nun durch Reißen oder Zerschneiden zerteilt (Materialerfahrung: reißt sich gut/nicht gut, schneidet sich gut/nicht gut).

Die Schnipsel werden neu geordnet und zu einem Bild zusammengestellt, z.B. zum Thema „Meine Lieblingsfarben neu sortiert" oder „Ein bunter Schnipselhaufen". Durch die pädagogische Fachkraft kann auch ein Bild von einem Korb bereitgestellt werden, das die Kinder mit Schnipseln bekleben.

★ **Leicht:** *Die beschriebene Variante weist eine geringe Schwierigkeit auf. Die Kinder können beim Reißen oder Schneiden unterstützt werden.*

★★ **Mittel:** *Ein Format wird vorgegeben, z.B. DIN A4, und die Schnipsel werden darauf zu einem bestimmten Thema aufgeklebt, z.B. als Schnipselpilz, Schnipselhaus oder Schnipselbaum.*

Weitere Variationen: *Die Kinder gestalten Geschenke für ihre Eltern, z.B. zum Thema „Papas Lieblingsfarben" oder ein „Schnipsel-Blumenstrauß für Mama". Alternativ können geeignete Schnipsel eingeweicht werden (z.B. aus Zeitung). Aus dem Brei wird durch Trocknen neues Papier hergestellt.*

Förderziele

Wahrnehmung unterschiedlicher Materialeigenschaften, Wissen über unterschiedliche Materialeigenschaften, Wissen über den Umgang mit Material

Impuls 31: Auf Spurensuche – wir erstellen ein Relief mit Naturmaterialien

Abb. 21: Relief mit Abdrücken von Naturmaterialien

Zeit: ca. 45 min
Gruppengröße: 15 Kinder
Schwierigkeit: ★ bis ★★★

Materialien: Knete oder lufttrocknender Ton (*Achtung:* zügiges Arbeiten notwendig), Pappschablone für die Größe der Reliefplatte (ca. 15 x 8 cm), strukturiertes Naturmaterial (Zapfen, Muscheln, Steine usw.), Unterlagen, Modellierhölzer (Zahnstocher o. ä.)

Durchführung: Die Kinder erinnern sich an die letzte Spurensuche beim Spaziergang (z. B. unterschiedliche Tierspuren, Fossilien). Oberflächen verschiedener Naturmaterialien werden erfühlt und beschrieben (rau, geriffelt, kantig, glatt). Zur Verdeutlichung der Dreidimensionalität stellt die pädagogische Fachkraft verschiedene Reliefs, z. B. Fliesen, Reliefs an Geschirr oder Kinderarbeiten, und eine methodische Reihe vor. Diese besteht aus:

1 einer Pappschablone,
2 der Grundplatte auf der Pappschablone,
3 dem Glätten der Grundplatte,
4 dem Eindrücken von Spuren sowie
5 der nun strukturierten Platte (Relief).

Die Arbeitsplätze werden nun unter Anleitung der pädagogischen Fachkraft vorbereitet: mit einer Unterlage, einem Modellierholz sowie einem Tuch zum Händeabwischen. Die pädagogische Fachkraft teilt das plastische Arbeitsmaterial direkt vor dem Arbeitsprozess aus. Die Kinder formen aus dem plastischen Material kleine Platten in der Größe der Pappschablone ca. 15 x 8 x 1,5 cm und drücken ihre Materialien als Spuren ein (z.B. Spuren aus dem Wald, vom Strand, aus dem Garten, Abb. 21). Ein Musterrand kann mit dem Modellierholz gestaltet werden. In einer Ausstellung werden alle Spurenreliefs gezeigt. Die Kinder haben die Möglichkeit, selbst über den Gestaltungsprozess zu berichten oder Fragen zu stellen.

Leicht: *Die Spuren werden im Sand in eine abgegrenzte glatte Fläche gesetzt.* ★
Mittel: *Jedes Kind erhält einen Streifen aus verformbarem Material, z.B. Knete, und drückt Abdrücke mit Naturmaterialien hinein (z.B. Muscheln, Borke).* ★★
Schwer: *Die beschriebene Variante ist als schwer einzustufen, da mehrere Teilschritte durchzuführen sind.* ★★★
Weitere Variationen: *Die Platte wird mit nachempfundenen Tierspuren gestaltet. Außerdem können die Kacheln aus Ton gebrannt werden und der Gestaltung der Kindertageseinrichtung dienen.*

Förderziele

Wahrnehmung unterschiedlicher Materialeigenschaften, Wissen über unterschiedliche Materialeigenschaften, Wissen über den Umgang mit Material, Kenntnis und Anwendung spezifischer Fachausdrücke

Impuls 32: Wie ein Fisch im Wasser

Abb. 22: Fische in Ton geritzt

Materialien: Knete, Pappschablone für die Platte (ca. 15 x 15 cm), Unterlagen, Modellierhölzer (Zahnstocher o.ä.)

Zeit: 2 x 20 bis 45 min
Gruppengröße: 8 Kinder
Schwierigkeit: ★ bis ★★★

Durchführung: Eine Erzählung oder ein Hörspiel, z.B. vom Regenbogenfisch, ist Ausgangspunkt für die Gestaltung der Reliefs mit Fischen. Die pädagogische Fachkraft leitet die Kinder zum Einrichten des Arbeitsplatzes an: mit einer

Unterlage, einem Modellierholz sowie einem Tuch zum Händeabwischen. Die praktische Arbeit erfolgt in zwei Teilschritten:

1. Die Kinder fertigen die Grundplatte, indem sie die Knetmasse auf die Pappschablone bringen. Die Platte wird geglättet und ggf. für die Aufbewahrung luftdicht verpackt.
2. Die Kinder ritzen Fischformen auf die Platte und gestalten die Fische (z.B. Schuppen, Flossen, Abb. 22).

★ **Leicht:** *Verschiedene Schablonen für die Fische stehen zur Verfügung. Die Kinder gestalten damit frei.*
★★ **Mittel:** *Die beschriebene Variante ist als mittelschwer einzustufen.*
★★★ **Schwer:** *Auf die Grundplatte wird ein Fisch aus Knete aufgebracht und anschließend gestaltet.*
Weitere Variationen: *Das Relief wird aus Ton erstellt (wichtig beim Arbeiten mit Ton in mehreren Phasen sind feuchte Tücher und Plastiktüten).*
Es werden mit den Kindern Experimente durchgeführt, z.B. alles, was schwimmt: Dabei probieren die Kinder aus, welche Gegenstände sinken oder schwimmen. Es kann auch untersucht werden, welche Formen besonders gut schwimmen.

Förderziele

Wahrnehmung unterschiedlicher Materialeigenschaften, Wissen über unterschiedliche Materialeigenschaften, Wissen über den Umgang mit Material

Impuls 33: Relief-Schiff

Zeit: 2 x 20 bis 45 min
Gruppengröße: 8 Kinder
Schwierigkeit: ★★

Materialien: Ton, Pappschablone für die Platte (ca. 15 x 10 cm), Unterlagen, Modellierhölzer (z.B. Zahnstocher o.ä.)

Durchführung: Die pädagogische Fachkraft bereitet für jedes Kind eine Grundplatte aus Ton vor, die z.B. in feuchte Tücher eingewickelt in einer Plastiktüte bis zum weiteren Arbeitsprozess aufbewahrt wird.

Die Kinder sprechen über Schiffe und Boote. Sie ritzen dann Schiffe und Boote in ihre Tonplatte ein oder bauen ein Schiff aus Einzelteilen, wie dem Schiffskörper und weiteren Schiffsteilen, auf. Die Ergebnisse werden vor und nach (!) dem Brennvorgang betrachtet. Nach dem Brennen werden die Reliefs als Geschenk verpackt.

Tipp

Bei der Verwendung von Ton sollte abgeklärt werden, dass ein Brennofen zur Verfügung steht, z.B. auch im Baumarkt, bei einer nahen Schule usw.

Weitere Variationen: *Alternativ kann Knetmasse verwendet werden oder die Kinder gestalten Schiffe aus Papier oder mit Borke und Korken. Es können auch Experimente durchgeführt werden, z.B. zum Thema „alles, was schwimmt".*

Wahrnehmung unterschiedlicher Materialeigenschaften, Wissen über unterschiedliche Materialeigenschaften, Wissen über den Umgang mit Material, Kenntnis und Anwendung spezifischer Fachausdrücke (Knete, Ton, Walze, Kugel)

Förderziele

Impuls 34: Instrumentenschnappi

Zeit: 20 min
Gruppengröße: 2 bis 10 Kinder
Schwierigkeit: ★ bis ★★★

Materialien: Quadrate aus Papier, Stifte, Bilder von Musikinstrumenten, Klebestift

Durchführung: Aus dem Papierquadrat basteln die Kinder einen Schnapper (wie bei dem Faltspiel *Himmel und Hölle*). In die Innenseiten werden Bilder von bekannten Musikinstrumenten geklebt. Ein Kind bedient das Spiel: Es steckt Daumen und Zeigefinger beider Hände von unten in die Spitzen und klappt das Spiel nach oben und unten sowie zur Seite. Ein weiteres Kind nennt eine Zahl zwischen eins und zehn und bestimmt damit, wie oft der Schnapper geöffnet und geschlossen wird. Danach wird gewählt, welcher der Flügel ausgeklappt werden soll. Das darauf zu sehende Instrument wird geholt und vorgestellt, ausprobiert bzw. gespielt.

Leicht: *Der Schnapper liegt vor. Die Kinder ergänzen die Abbildungen der Instrumente.* ★
Mittel: *Die beschriebene Variante ist als mittelschwer einzustufen. Unterstützung kann beim Falten und Zeichnen bzw. Einkleben der Instrumentenbilder sinnvoll sein.* ★★
Schwer: *Wer es sich zutraut, bastelt eigenständig einen Schnapper.* ★★★
Weitere Variationen: *Das Spiel mit dem Instrument wird pantomimisch nachgeahmt.*

Kenntnis und Anwendung spezifischer Fachausdrücke, Wissen über den Umgang mit Material

Förderziele

Impuls 35: Klappergeplapper – wir bauen Kastagnetten

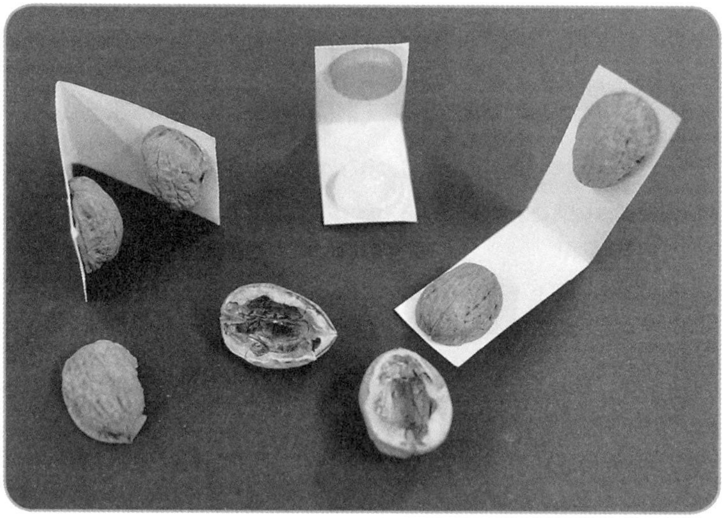

Abb. 23: Kastagnetten aus Walnussschalen

Zeit: 10 min
Gruppengröße: bis 10 Kinder
Schwierigkeit: ★ bis ★★

Materialien: Pappe, leere Hälften von Walnussschalen, Kronkorken, Verschlüsse von Getränkekartons usw., flüssiger Klebstoff, Schere

Durchführung: Aus der Pappe wird ein Streifen geschnitten, ca. 3 x 15 cm (je nach Handgröße des Kindes). Eine Seite kann durch die Kinder individuell gestaltet werden. Auf der anderen Seite wird an jedem Ende des Pappstreifens eine halbe Walnussschale mithilfe von Klebstoff festgeklebt. Nach dem Trocknen wird der Pappstreifen so gefaltet, dass die Walnussschalen aufeinanderliegen (Abb. 23). Dann können die selbst gebauten Kastagnetten genutzt, Handhabung und Klänge verglichen werden.

★ **Leicht:** *Die beschriebene Variante ist als leicht einzustufen. Möglicherweise benötigen Kinder beim Umgang mit der Schere und dem Klebstoff Unterstützung.*
★★ **Mittel:** *Die Kinder schneiden die Streifen mithilfe von Schablonen selbst zu.*
Weitere Variationen: *Anstelle der Walnussschalen können Kronkorken oder Deckel von Getränkekartons usw. verwendet und deren Klangqualität überprüft werden.*

Förderziele

Wahrnehmung unterschiedlicher Materialeigenschaften, Wissen über den Umgang mit Material

Impuls 36: Schallalla – ein Schallexperiment

Zeit: 5 bis 10 min
Gruppengröße: 2 bis 20 Kinder
Schwierigkeit: ★ bis ★★

Materialien: Luftballons, Musikanlage, basslastige Musik (z.B. Lieblingsmusik der Kinder, *Smoke on the water* von Deep Purple)

Durchführung: Immer zwei Kinder fassen einen Luftballon mit beiden Händen an. Die pädagogische Fachkraft fragt: „Was spürt ihr?“, bevor die Musik angestellt wird und nachdem sie wieder beendet wurde. Der sich in Wellen ausbreitende Schall ist für die Kinder als Schwingungen am Luftballon spürbar geworden. Töne können also gehört, aber auch gefühlt werden. Nach dem Schallexperiment kann zum Luftballontanz aufgefordert werden.

Leicht: *Die beschriebene Variante ist als leicht einzustufen.* ★
Mittel: *Es kann mit dem Abstand zum Lautsprecher und unterschiedlichen Liedern oder Musikstücken zur Übertragung der Schallwellen auf den Luftballon experimentiert werden. Dabei ist immer auch auf die Lautstärke zu achten, um die Kinderohren nicht zu schädigen.* ★★

Förderziele: Wahrnehmung unterschiedlicher Materialeigenschaften, Wissen über unterschiedliche Materialeigenschaften

4.4 Kreatives Selbstkonzept

Impuls 37: So bunt ist unsere Welt

Zeit: ca. 30 bis 45 min
Gruppengröße: 15 Kinder
Schwierigkeit: ★★ bis ★★★

Materialien: jedem Kind steht eine Kiste mit verschiedenen Arbeitsmaterialien zur Verfügung, z.B. Farben, Pinsel, Stifte, Untergründe (eventuell rund), *zusätzlich:* Probierblättchen, alte Zeitungen

Durchführung: Jedes Kind nimmt einen geschlossenen Überraschungskarton. Es wird auf das Signal zum Öffnen des Kartons gewartet. Nach dem Öffnen obliegt die Gestaltung des Untergrundes der freien Gestaltung der Kinder. Sie gestalten ihre Welt so bunt, wie es ihnen gefällt (gegenständlich oder abstrakt). Alle Bilder werden betrachtet, das Material und Vorgehen werden reflektiert.

Mittel: *Die pädagogische Fachkraft strukturiert die gestalterische Arbeit der Kinder und leitet sie an.* ★★

★★★ **Schwer:** *Die beschriebene Variante ist schwer, da die Kinder mehrere Arbeitsschritte selbstständig bewältigen müssen.*

Weitere Variationen: *Der Impuls kann evtl. in Partnerarbeit umgesetzt oder saisonal abgewandelt werden, z.B. zum Thema „So bunt sind unsere Ostereier" oder „So bunt sind unsere Herbstdrachen".*

Es werden zusätzlich gemeinsam Kunstwerke betrachtet. Hier kommen Künstler wie A. R. Penck, Sigmar Polke, Strawalde infrage.

Förderziele: Durchhaltevermögen, Frustrationstoleranz, Anpassungsfähigkeit, Emotionsausdruck zum kreativen Ergebnis

Impuls 38: Ichmachdichschlaubaum – eine Monotypie

Zeit: 20 min
Gruppengröße: bis 10 Kinder
Schwierigkeit: ★ bis ★★★

Materialien: Gedicht *Ichmachdichschlaubaum* von Werner Lindemann (1984), Acryl- oder Glasplatten, Walzen, blaue Farbe (Acryl- oder Linoldruckfarbe)

Durchführung: Impulsgeber für den kreativen Gestaltungsprozess ist das Gedicht von W. Lindemann (1984, 38). Die Technik Monotypie wird vorgestellt. Jedes Kind gestaltet damit seinen „Ichmachdichschlaubaum". Beim Betrachten werden die Besonderheiten der Technik und der entstandenen unterschiedlichen Bäume herausgestellt und mit den Kindern besprochen.

★ **Leicht:** *Das Bild kann als Gruppenarbeit gestaltet werden, indem z.B. alle Hände zur Krone und zum Stamm aufgedruckt werden.*

★★ **Mittel:** *Die beschriebene Variante ist als mittelschwer einzustufen.*

★★★ **Schwer:** *Es wird eine Farbe für die Monotypie verwendet, nach dem Trocknen wird die Monotypie coloriert (Mischtechnik).*

Weitere Variationen: *Es werden verschiedene Bäume gestaltet, z.B. ein Traumzauberbaum.*

Förderziele: Emotionswahrnehmung und Emotionsausdruck zum kreativen Prozess und Ergebnis, Frustrationstoleranz

Impuls 39: Mein Weg

Materialien: Fundstücke vom Spaziergang, Blatt/Tapete, Walze/Pinsel, Farbe, Lappen

Zeit:
2 x 30 bis 45 min
Gruppengröße:
bis 15 Kinder
Schwierigkeit:
★ bis ★★★

Durchführung: Auf einem Spaziergang z. B. durch den Wald werden Fundstücke (Blätter, Holz, Steine usw.) gesammelt. In der Kindertageseinrichtung werden diese Fundstücke beschrieben und dann als Druckstock genutzt. Auf einem Blatt/Tapete (Größe abhängig von der Größe der Fundstücke) wird ein Weg gezeichnet, die Fundstücke mit Farbe (Pinsel oder Walze) eingefärbt und in der Reihenfolge des Findens abgedruckt. Im Gespräch zu den Bildern können die Kinder eigene Wahrnehmungen und Eindrücke wiedergeben. Sie erleben ihren Spaziergang anhand der Fundstücke noch einmal.

Leicht: *Der Weg wird als Vorlage von der Fachkraft für alle vorgegeben.* ★
Mittel: *Jedes Kind malt oder zeichnet und druckt seinen Weg.* ★★
Schwer: *Es wird gemeinsam ein Gruppenbild gestaltet, indem jedes Kind ein Fundstück abdruckt. So kann auch eine Collage entstehen, die noch zusätzlich durch Fotografien angereichert werden kann.* ★★★

Förderziele

Emotionswahrnehmung und Emotionsausdruck zum kreativen Prozess und Ergebnis, Frustrationstoleranz, Durchhaltevermögen

Impuls 40: Punkt, Punkt, Komma, Strich

Materialien: Teller, verschiedenes Obst und Gemüse, Nudeln, ggf. Farben und Papier, Scheren

Zeit:
20 min
Gruppengröße:
bis 10 Kinder
Schwierigkeit:
★ bis ★★

Durchführung: Im Kreis ertastet jedes Kind sein Gesicht. Die Kinder beschreiben ihr Gesicht, indem sie die einzelnen Teile (Nase, Auge, Mund, Wangen, Kinn usw.) benennen. Am Tisch werden Obst und Gemüse benannt, gemeinsam geschnitten und gekostet (süß, sauer usw.). Auf einem Teller darf jedes Kind ein Gesicht mit den bereitgestellten Materialien zusammensetzen. Nach dem Betrachten der entstandenen Gesichter, werden die Zutaten verspeist. Impulsgeber können auch Porträts von Pablo Picasso, Alexej von Jawlensky, Giuseppe Arcimboldo sein.

Tipp

Achtung: Hygieneregeln beachten!

★ **Leicht:** *Die beschriebene Variante ist als leicht einzustufen.*
★★ **Mittel:** *Nach dem Legen werden die Früchte gemalt, die Bilder ausgeschnitten und wieder zu Gesichtern in einer Collage zusammengestellt.*
Weitere Variationen: *Es werden Gesichter mit Knöpfen gelegt.*

Förderziele Emotionsausdruck zum kreativen Prozess und Ergebnis, Frustrationstoleranz, Durchhaltevermögen, Anpassungsfähigkeit

Impuls 41: Meine Familie und ich

Zeit: mehrmals 20 bis 45 min
Gruppengröße: 10 Kinder
Schwierigkeit: ★★ bis ★★★

Materialien: Schuhkarton für jedes Kind, darin selbst gesammeltes Material des Kindes zum Gestalten (gebrauchte Dinge wie Kästchen, Becher, Figuren, Puppen, Bauklötze), Papiere, Klebstoffe, Scheren, Stifte

Durchführung: In der Gruppe werden Familienerlebnisse besprochen (z.B. Spaziergang, Geburtstagsfest). Um die Erinnerung des Kindes an die Situation anzuregen, können Fragen helfen wie „Wo war es?“, „Wie sah es dort aus?“ und „Wer war dabei?“. Die Kinder beschreiben das Erlebnis mit dem Ort, den anwesenden Personen, Gegenständen, Formen und Farben. Sie werden aufgefordert, im bereitgestellten Karton über mehrere Wochen Material zu sammeln. Spielerisch wird das Beschriebene als Szene oder Standbild nachgestellt, zunächst mit den Kindern, dann mit Spielfiguren, z.B. zum Thema „Mama, Papa und ich beim Spaziergang“ oder „Wir fahren mit dem Boot“. Die pädagogische Fachkraft regt mit bereits gestalteten Kartons an, die Schuhkartons der Kinder zum Thema „Meine Familie und ich“ als Diorama zusammenzustellen.

Dabei wird das Umfunktionieren von Materialien ausprobiert und kann durch Fragen angeregt werden: z.B. „Was brauche ich?“, „Was habe ich?“ und „Womit kann ich umgehen?“. Bausteine werden zu Schränken und Tischen, Zahnstocher zu Stäben und Bäumen. Die Kinder gestalten ihre Kartons und die entsprechenden Gegenstände, indem sie z.B. Gegenstände und Figuren einsetzen, den Karton und die Materialien anmalen oder bekleben.

Definition Mit Diorama ist hier eine Art Schaukasten (ein Schuhkarton mit einer Öffnung vorne) gemeint, in dem eine Szene oder Landschaft, meist vor einem Hintergrund, nachgebildet wird.

★★ **Mittel:** *Eine Gemeinschaftsarbeit entsteht.*
★★★ **Schwer:** *Die beschriebene Variante ist als schwer einzustufen.*

Weitere Variationen: *In Partnerarbeit wird das Diorama eines Festes in der Kindertageseinrichtung erstellt.*

Emotionswahrnehmung, Durchhaltevermögen, Anpassungsfähigkeit, Emotionsausdruck zum kreativen Prozess und Ergebnis

Förderziele

Impuls 42: Na hör mal!

Materialien: Rhythmusinstrumente, z.B. Trommeln, Klanghölzer, Triangel

Zeit:
10 min
Gruppengröße:
2 bis 10 Kinder
Schwierigkeit:
★ bis ★★★

Durchführung: Jedes Kind wählt ein Instrument. Die Kinder finden sich in Paaren zusammen und werden so im Raum verteilt. Ein Kind spielt einen Rhythmus mit einem der vorhandenen Instrumente vor. Das andere Kind antwortet mit seinem Instrument. Dann wird gewechselt, sodass eine Unterhaltung mit Instrumenten entsteht.

Leicht: *Die beschriebene Variante ist als leicht einzustufen.* ★
Mittel: *Das Kind versucht, den Rhythmus, den es gehört hat, wie ein Echo nachzuspielen.* ★★
Schwer: *Rhythmen von ausgewählten Liedern werden nachgespielt.* ★★★
Weitere Variationen: *Das „Gesprächsthema" oder die „Art und Weise des Sprechens" der Instrumente werden vorgegeben (z.B. Streit, Flüstern).*

Emotionsausdruck zum kreativen Prozess, Anpassungsfähigkeit

Förderziele

Impuls 43: Laune raten

Materialien: Smileys auf Karten (Durchmesser ca. 10 cm) oder Fotos von Kindern, z.B. mit den Emotionen Wut, Trauer, Freude, Angst, ggf. Blanko-Karten und Stifte

Zeit:
20 min
Gruppengröße:
bis 20 Kinder
Schwierigkeit:
★ bis ★★★

Durchführung: Im Morgenkreis werden Gefühle besprochen. Zur Visualisierung dürfen die Kinder verdeckt Karten ziehen, auf denen Smileys abgebildet sind. Sie stellen das dort symbolisierte Gefühl selbst nach. Die Gruppe errät das Gefühl. Gemeinsam wird besprochen, woran das Gefühl erkannt oder warum es nicht erkannt wurde.

★ **Leicht:** *Nicht Smileys, sondern Fotos von Kindern, die das Gefühl darstellen, werden als Abbildungen genutzt.*

★★ **Mittel:** *Die beschriebene Variante ist als mittelschwer einzustufen.*

★★★ **Schwer:** *Das entsprechende Gefühl wird von den ratenden Kindern als Smiley aufgezeichnet und gezeigt.*

Förderziele: Emotionsausdruck zum kreativen Prozess, Anpassungsfähigkeit, Frustrationstoleranz

Impuls 44: Klapperschlange

Zeit: 10 min
Gruppengröße: bis 10 Kinder
Schwierigkeit: ★ bis ★★★

Materialien: verschließbare kleine Dosen (undurchsichtig, z. B. Filmdosen, Überraschungsei-Kapseln), unterschiedliche kleine Gegenstände (z. B. Büroklammer, Schraube, Murmel, Knopf) und Naturmaterialien (z. B. Haselnuss, Reis, Linsen, Kastanie), ggf. Fühlsäckchen

Durchführung: Die Kinder ertasten verschiedene Materialien (z. B. im Fühlsäckchen) und beschreiben sie. In eine der Dosen wird dann von einem Kind heimlich ein (bekannter) kleiner Gegenstand gesteckt. Die verschlossene Dose wird im Kreis herumgegeben und geschüttelt. Anhand des Geräusches wird erraten, um welchen Gegenstand es sich handeln könnte. Im Anschluss wird mit dem Öffnen der Dose und dem Zeigen des darin versteckten Gegenstandes das Rätsel aufgelöst. Ein weiteres Kind kann einen Gegenstand auswählen und in der Dose verstecken. In der Auswertung schätzt jedes Kind ein, wie gut es ihm gelang, die Gegenstände am Klang zu erkennen.

★ **Leicht:** *Die beschriebene Variante ist als leicht einzustufen. Es besteht die Möglichkeit, dass die Kinder sich miteinander beraten.*

★★ **Mittel:** *Die Kinder füllen die Dosen mit mehreren Gegenständen einer Art.*

★★★ **Schwer:** *Die Kinder treten in Mannschaften gegeneinander an. Wer zuerst den richtigen Gegenstand erraten hat, erhält einen Punkt.*

Weitere Variationen: *Es wird ein Geräusche-Memo-Spiel gespielt: immer zwei Dosen werden mit den gleichen Materialien befüllt und müssen einander zugeordnet werden.*

Förderziele: Frustrationstoleranz, Durchhaltevermögen, Emotionsausdruck zum kreativen Ergebnis

Impuls 45: Ich packe meinen Instrumentenkoffer und nehme mit

Materialien: keine

Zeit: 15 min
Gruppengröße: bis 8 Kinder
Schwierigkeit: ★ bis ★★★

Durchführung: Es gelten die Regeln des „Ich packe meinen Koffer"-Spiels. Voraussetzung ist, dass die Kinder verschiedene Instrumente kennen. Ein Kind beginnt: „Ich packe meinen Koffer und nehme mit …" – z.B. ein Klavier. Das folgende Kind wiederholt das schon genannte Instrument und packt ein weiteres ein: „Ich packe meinen Koffer und nehme ein Klavier mit und …" – z.B. eine Trompete. Die nächsten Kinder wiederholen alle vor ihnen genannten Instrumente und packen jeweils ein weiteres hinzu.

Leicht: *Die beschriebene Variante ist als leicht einzustufen.* ★
Mittel: *Das Spielen auf dem Instrument wird beim Aufsagen zusätzlich nachgeahmt.* ★★
Schwer: *Mit der Anzahl der Kinder erhöht sich auch die Anzahl der zu benennenden Instrumente.* ★★★

Förderziele: Kenntnis und Anwendung spezifischer Fachausdrücke, Frustrationstoleranz, Durchhaltevermögen

4.5 Kreatives Handeln und Verhalten

Impuls 46: Orchesterprobe – Geige, Flöte, Xylophon

Materialien: keine

Zeit: 10 min
Gruppengröße: bis 20 Kinder
Schwierigkeit: ★ bis ★★★

Durchführung: Die Regeln sind wie die von „Feuer, Wasser, Sturm": Auf ein Wortsignal hin halten die Kinder in der Bewegung inne und geben eine verabredete Bewegung wieder. In diesem Fall ist das Wortsignal ein Instrument. Die pädagogische Fachkraft ruft beispielsweise Trompete und die Kinder ahmen so schnell und erkennbar wie möglich das Spielen auf einer Trompete nach. Wer das Instrument zuletzt oder falsch wiedergegeben hat, muss das Orchester bis zur nächsten Orchesterprobe verlassen.

★ **Leicht:** *Die beschriebene Variante ist als leicht einzustufen. Es wird zunächst mit drei bekannten und deutlich unterscheidbaren Instrumenten begonnen.*
★★ **Mittel:** *Die Anzahl der Instrumente erhöht sich.*
★★★ **Schwer:** *Auf das Signal „Duett" folgen zwei Instrumente. Die Kinder müssen sich zu zweit finden und das Spiel beider Instrumente zusammen simulieren.*
Weitere Variationen: *Anstelle des Spielens von Instrumenten werden Bewegungen aus anderen Bereichen verwendet, z.B. findet ein Künstlertreffen statt: die Kinder sollen Graffiti-Sprayer, Maler, Keramiker usw. darstellen.*

Förderziele: Freude am Ausprobieren neuer Techniken, künstlerisch-ästhetische Ausdrucksfähigkeit

Impuls 47: Mutabor!

Zeit: 5 bis 20 min
Gruppengröße: 2 bis 15 Kinder
Schwierigkeit: ★

Materialien: evtl. Bildkarten mit Tieren

Durchführung: Eine Karte oder das Zuflüstern der pädagogischen Fachkraft verrät einem Kind ein Tier, in das es sich verwandelt und das es pantomimisch darstellen soll, solange bis es zurückverwandelt wird. Die Gruppe beobachtet die Imitation. Wer glaubt, das Tier erraten zu haben, ruft das Zauberwort „Mutabor" und äußert seine Vermutung. Wenn das Kind richtig geraten hat, darf es das nächste Tier darstellen und das zuvor darstellende Kind wird abgelöst.

Weitere Variationen: *Das Spiel mit einem Instrument wird pantomimisch nachgeahmt.*

Förderziele: Selbstständiges Suchen nach Lösungen, Experimentierfähigkeit, Zusammenhänge mit individueller Logik erklären

Impuls 48: Wer bin ich?

Zeit: 15 min
Gruppengröße: 15 Kinder
Schwierigkeit: ★ bis ★★

Materialien: unterschiedliche Reproduktionen von Porträts

Durchführung: Die Bilder sind gut sichtbar für die Kinder ausgelegt. Je nach Menge der abgebildeten Personen oder Tiere stellen ein oder einige Kinder jeweils eines der Bilder nach. Der Rest der Gruppe errät, welches Gemälde dargestellt wurde.

Dafür eignen sich z.B. die Kunst-Entdecker-Karten von Courtauld/Larkum (2021).

Tipp

Leicht: *Die beschriebene Variante kann als leicht eingestuft werden.* ★
Mittel: *Die Anzahl der vorgegebenen Reproduktionen wird erhöht.* ★★
Weitere Variationen: *Es dürfen auch Kostüme verwendet werden.*
Es können auch Skulpturen, die im Ort vorhanden sind, nachgestellt werden

Selbstständiges Suchen nach Lösungen, Experimentierfähigkeit, Zusammenhänge mit individueller Logik erklären

Förderziele

Impuls 49: Gespräche unter Fischen

Zeit: 10 bis 20 min
Gruppengröße: 10 bis 20 Kinder
Schwierigkeit: ★★

Materialien: Stuhlkreis, Bücher mit Bildern zu Fischen oder Modellfische

Durchführung: Im Stuhlkreis werden Fische betrachtet, z.B. in Büchern oder als Modelle. Verschiedene Eigenschaften der Fische werden gesammelt und beschrieben, z.B. ihre Bewegungsform, die „stille Sprache" und ihr Lebensraum. Die pädagogische Fachkraft stellt den Kindern als Impuls die Frage: „Wie unterhalten sich eigentlich Fische?". Ein begrenzter Bereich wird nun zum See erklärt. In diesem „unterhalten" sich die Kinder miteinander, verzaubert in Fische, indem sie sich beispielsweise mit Mimik und Gestik verständigen.

Weitere Variationen: *Die stille Unterhaltung wird auf ein Thema beschränkt, z.B. „Wie findet ein Fisch einen Freund?" oder „Bewegungen im Schwarm".*

Problematisieren und Diskutieren von Erkenntnissen, selbstständiges Suchen nach Lösungen, Experimentierfähigkeit, Zusammenhänge mit individueller Logik erklären

Förderziele

Impuls 50: Endlich Ordnung im Wald – Tidying up Art nach Urs Wehrli

Zeit: mind. 30 min
Gruppengröße: max. 15 Kinder
Schwierigkeit: ★ bis ★★★

Materialien: bunte Blätter von unterschiedlichen Bäumen

Durchführung: Die Kinder betrachten beim Spazierengehen, z.B. im Wald oder Park, bunte Blätter, die kreuz und quer auf dem Boden liegen. Sie sammeln einige und legen das zuvor beobachtete Durcheinander nach. Dann werden die

„Blätterhaufen" neu geordnet, am besten gleich in der Natur in einem vorgegebenen Bereich (auf dem Boden, einer Decke o.ä.). Die Kinder sortieren die vorgefundenen Blätter z.B. nach Größe, Farbe, in Reihen oder zu Mustern. Dabei legen sie selbst Ordnungskriterien fest, z.B. alle Eichenblätter, dann alle Buchenblätter. Die Kinder lernen Arbeiten des Künstlers Urs Wehrli kennen und können diese mit der eigenen Tätigkeit vergleichen.

★ **Leicht:** *Die pädagogische Fachkraft gibt eine Ordnung vor.*
★★ **Mittel:** *Die beschriebene Variante ist als mittelschwer einzustufen.*
★★★ **Schwer:** *Die Kinder erfinden eine neue Ordnungsmöglichkeit und übertragen das erworbene Wissen auf andere Objekte, z.B. Steine sortieren.*
Weitere Variationen: *An anderen Orten werden die entsprechenden Gegenstände geordnet, z.B. auf dem Spielplatz, in der Bauecke oder im Badezimmer.,*
Die Gegenstände werden wahlweise nach Form und Farbe, ihrer Anzahl oder Ober- und Unterbegriffen sortiert.

Förderziele

Experimentierfähigkeit, Zusammenhänge mit individueller Logik erklären, Freude am Ausprobieren neuer Materialien und Techniken, Erklären von Zusammenhängen

Impuls 51: Versteckt – Sichtbarmachen in Bildausschnitten

Zeit: 3 x 30 min
Gruppengröße: max. 15 Kinder
Schwierigkeit: ★ bis ★★★

Materialien: zwei Blätter, davon ein Blatt mit Loch / Ausschnitt als Deckblatt, das zweite Blatt zur Gestaltung, Stifte der Größe des Blattes angepasst (z.B. 2 x DIN A5 und Buntstifte, 2 x DIN A3 und Wachsstifte oder Pastellkreiden)

Durchführung: In der Vorbereitungsphase spielen die Kinder Verstecken. In der anschließenden kreativen Phase soll ein Bild mit einer „versteckten" Überraschung gestaltet werden.
Impulsgeber können Bilder von Arbeiten von Christo und anderen Verpackungskünstlern sein. Die Kinder gestalten ohne spezielle Aufgaben ein Bild frei mit Farben und Formen (z.B. DIN A3 und Wachsstifte).
Daraufhin wird das zweite Blatt mit Loch zum Abdecken verwendet. Die Kinder legen es auf das zuvor entstandene Bild oder fixieren es dort. In der Gruppe werden die mit dem Lochblatt abgedeckten Bilder betrachtet. Es ist nur ein Teil sichtbar.
In der dritten Phase können das Bild, der Ausschnitt oder das Deckblatt weitergestaltet und die veränderte Wirkung des eigenen Bildes festgestellt werden.

Beim Verstecken lernen Kinder, die Perspektive anderer einzunehmen, in etwa „ich weiß etwas, das ich nicht sehe". Schon jüngere Kinder zeigen ihre Begeisterung bei Guck-guck-Spielen oder beim Verstecken und Sichtbarwerden ihres Spielzeugs. Etwas ist anwesend, aber doch verborgen. Schon im Laufe des vierten Lebensjahres können viele Kinder vermuten, was ihr Gegenüber glaubt bzw. denkt (Theory of Mind). Ein räumlicher Perspektivwechsel entsteht, wenn Kinder nachvollziehen, dass sie selbst noch zu sehen sind, obwohl sie ihr Gegenüber nicht mehr sehen können (z. B. wenn sie sich die Hände vor die Augen halten).

Leicht: *Das erste Bild wird von den Kindern selbst gestaltet. Das zweite Bild (Blätter mit unterschiedlichen Lochausschnitten) wird durch die pädagogische Fachkraft vorbereitet und kann dann von den Kindern ausgewählt werden.* ★

Mittel: *„Durch's Schlüsselloch geschaut": Es wird ein Deckblatt mit Schlüssellochform-Ausschnitt gewählt. Neben der Schlüssellochform können auch verschiedene Löcher in die Deckblätter geschnitten werden, um jeweils andere Bildausschnitte sichtbar zu machen.* ★★

Schwer: *Die Kinder gestalten mit Farbbeschränkung.* ★★★

Weitere Variationen: *Es gibt Vorgaben, z. B. Beschränkung auf bestimmte Farben zum „Farben verstecken" oder auf bestimmte Formen zum „Formen verstecken". Auch Gegenstände oder Bildausschnitte können gezielt versteckt werden („Gegenstände entdecken und verstecken").*

Die Kinder können ihr Blatt auch in Partner- oder Gruppenarbeit gestalten oder die Grundblätter tauschen. Das Deckblatt wird dann durch den Partner festgelegt. Beim Betrachten von Kunstwerken können gezielt Teile abgedeckt (versteckt) werden.

Förderziele

Freude am Ausprobieren neuer Techniken, selbstständiges Suchen nach Lösungen, Experimentierfähigkeit

Impuls 52: Blättertiere drucken

Materialien: unterschiedliche Blätter (z. B. Ahorn, Pappel, Platane, Eiche usw., gesammelt beim gemeinsamen Spaziergang), die gepresst, aber nicht ausgetrocknet sind (um ein Zerbröseln zu vermeiden), Farbe (z. B. Gouache oder Fingermalfarbe), Papier, Bilder von Tieren, Wackelaugen

Zeit: mind. 20 min
Gruppengröße: max. 15 Kinder
Schwierigkeit: ★ bis ★★★

Durchführung: Die Kinder streichen die Blätter mit Farbe ein und drucken sie auf dem Papier ab. Nach dem Trocknen werden Augen, Gliedmaßen usw. ergänzt. Zum Schluss bekommen die so entstandenen Tiere (Fantasie-)Namen.

★ **Leicht:** *Die Blätter werden gedruckt. Bilder von Tieren ergänzen den Druck und können aufgeklebt werden, sodass der Blattdruck zum Hintergrund oder zur Lebenswelt für das Tier wird.*

★★ **Mittel:** *Es stehen Teile von Tierbildern, z.B. Augen (auch Wackelaugen), Schnäbel, Tierschwänze o.ä., zur Verfügung und können von den Kindern auf den Druck geklebt werden.*

★★★ **Schwer:** *Die beschriebene Variante ist als schwer einzustufen.*

Weitere Variationen: *Die Tiere können in Einzel- oder Gemeinschaftsarbeit mit einem Druck von jedem Kind entstehen.*

Förderziele: Freude am Ausprobieren neuer Materialien und Techniken, Experimentierfähigkeit, Problematisieren und Diskutieren von Erkenntnissen

Impuls 53: Küchenorchester

Zeit: ab 10 min
Gruppengröße: bis 15 Kinder
Schwierigkeit: ★ bis ★★

Materialien: Küchenutensilien wie Töpfe, Topfdeckel, Schneebesen, Kochlöffel, Schüsseln, Nudelsieb, Kellen

Durchführung: Die Kinder wählen klanggebende Gegenstände aus der Küche aus, die sie im Küchenorchester spielen wollen. In der Orchesterprobe werden die Bedienung und die Klänge des Kücheninstruments erforscht und den anderen vorgestellt. Dirigierende Kinder oder Erwachsene können bestimmt werden. Es werden Zeichen für lauter, leiser und den Einsatz der Instrumente festgelegt und geübt. In einem großen Raum, dem Konzertsaal, oder auf dem Hof der Kindertageseinrichtung (Open-Air-Konzert) spielt dann das Küchenorchester.

★ **Leicht:** *Die beschriebene Variante ist als leicht einzustufen.*

★★ **Mittel:** *Die Kinder üben einen Rhythmus und begleiten ein Lied, z.B. „Wer will fleißige Handwerker seh'n" oder „Zeigt her eure Füße".*

Weitere Variationen: *Das Orchester spielt mit weiteren Alltagsgegenständen.*

Förderziele: Freude am Ausprobieren neuer Materialien, Experimentierfähigkeit, selbstständiges Suchen nach Lösungen

Impuls 54: Alles, was rollen kann

Zeit: 20 min
Gruppengröße: 15 Kinder
Schwierigkeit: ★ bis ★★★

Materialien: Bälle unterschiedlicher Größen und aus verschiedenen Materialien, Kugeln, Röhren, Räder, Farben (Auswahl dem Alter entsprechend), Karton, Papier, Farben, Lappen zum Reinigen der Hände, Stifte

Durchführung: Runde Gegenstände liegen bereit. Die Kinder erfassen die runden Formen durch Tasten und Fühlen. Sie beschreiben Gemeinsamkeiten und Unterschiede. Ein Blatt wird in einen Karton oder Kartondeckel (Begrenzung) gelegt. Die Kinder wählen eine runde Form aus, die sie mit Farbe einstreichen. Die eingefärbte Kugel wird auf das Blatt in den Karton gelegt. Durch Bewegen des Kartons beginnt die Kugel zu rollen und erzeugt Spuren. Diese können nach dem Trocknen durch Zeichnen mit Stiften ergänzt werden.

Tipp

Die Blätter mit den Spuren können während der Aufräumphase trocknen und danach weiterbearbeitet werden.

Leicht: *Die pädagogische Fachkraft beschränkt das Angebot auf eine runde Form für jedes Kind.* ★
Mittel: *Die beschriebene Variante ist als mittelschwer einzustufen.* ★★
Schwer: *Die Anzahl der einzufärbenden runden Formen wird erhöht.* ★★★
Weitere Variationen: *Es werden Spuren durch Rollen im Sand oder Schnee erzeugt.*
Es werden Kunstwerke aus dem Kubismus betrachtet, z.B. von Robert Delaunay, Georges Braque, Pablo Picasso, Paul Klee.
Die runden Formen werden in Murmel- und Ballspielen genutzt oder beim Betrachten von Verkehrszeichen (runde Form, eckige Form) wiedererkannt.

Definition

Der Kubismus ist eine künstlerische Stilrichtung, die in den Jahren um 1906 bis 1908 in Frankreich entstand. Der Begriff Kubismus stammt vom lateinischen *cubus* ab, was übersetzt *Würfel* heißt. Typisch für ihn ist „die künstlerische Reduzierung eines Objektes auf geometrische Figuren wie Kugel, Kegel oder Pyramiden" (Maier 2021).

Förderziele

Freude am Ausprobieren neuer Materialien und Techniken, Experimentierfähigkeit, selbstständiges Suchen nach Lösungen

Impuls 55: Amadeusse in Aktion – Gruppenkomposition

Zeit: 20 min
Gruppengröße: 2 bis 10 Kinder
Schwierigkeit: ★ bis ★★★

Materialien: Instrumente, Karten und Stifte (oder vorhandene Symbolkarten)

Durchführung: Mit den Kindern werden einfache Symbole (bspw. Grundformen) für den Einsatz des Körpers oder eines Instruments festgelegt, z. B. steht das Dreieck für das In-die-Hände-Klatschen, ein Quadrat für das Stampfen mit dem Fuß, zwei Rechtecke für das Auf-die-Oberschenkel-Klopfen, ein Kreis für einmal O-Rufen. Diese Symbole sind in mehrfacher Ausführung vorhanden. Gemeinsam wird ein Stück komponiert: Jedes Kind darf eine Karte auswählen, die Karten werden aneinander gereiht. Dann wird die Komposition gespielt.

★ **Leicht:** *Nur zwei Symbole sind in mehrfacher Ausführung vorhanden. Die Kinder stellen ihre Komposition selbst daraus zusammen.*

★★ **Mittel:** *Die beschriebene Variante ist als mittelschwer einzustufen. Die Komposition darf nach dem ersten Spielen angepasst werden.*

★★★ **Schwer:** *Die Menge der Symbole wird erweitert, und damit die musikalische Handlung. Unterschiedliche Größen der Symbole werden für laut und leise eingesetzt (z.B. großes Dreieck = laut in die Hände klatschen, kleines Dreieck = leise in die Hände klatschen).*

Weitere Variationen: *Symbole können auch für Instrumente eingesetzt werden. Gut geeignet sind hier Rhythmus- und Effektinstrumente (Trommel, Klanghölzer, Regenmacher usw.) und das Orff-Instrumentarium.*

Förderziele

Freude am Ausprobieren neuer Materialien und Techniken, Experimentierfähigkeit, selbstständiges Suchen nach Lösungen

Zum Weiterlesen:

Fink, M. (2021): Freispiel Impulse. Malen und Gestalten. Herder, Freiburg im Breisgau

Fink, M. (2020): Freispiel Impulse. Bauen und Konstruieren. Herder, Freiburg im Breisgau

Neuhaus, G., Füchtler, S., Stirnberg, J., Boufarache-Doukkali, S., Hartke, N. (2021): Einfach machen – 100 Impulskarten für frühpädagogische Kunstaktionen. Ernst Reinhardt, München

Literatur

Beheng, C., Krause, S. (2009): Eine Elternwerkstatt planen. In: Braun, D., Wardelmann, B. (Hrsg.): Von Piccolo bis Picasso. Offensive Bildung. Cornelsen Scriptor, Berlin, 116–128

Braun, D. (2016): Kreativität in Theorie und Praxis. Bildungsförderung in Kita und Kindergarten. Herder, Freiburg im Breisgau

Braun, D., Krause, S., Boll, A. (2019): Handbuch Kreativitätsförderung in der Kita. Didaktik und Methodik in der Frühpädagogik. Herder, Freiburg im Breisgau

Braun D., Krause, S., Krause, C., Müller-Dötsch, V. (2016): „Von Piccolo bis Picasso". Kreatives Gestalten als Bildungsansatz. Projektphase 2014-2015. In: https://opus4.kobv.de/opus4-hs-koblenz/files/107/Picasso-Abschlussbericht-2014-2015-FINAL.pdf, 23.01.2023

Buff, A. (1991): Schulische Selektion und Selbstkonzeptentwicklung. In: Pekrun, R., Fend, H. (Hrsg.): Schule und Persönlichkeitsentwicklung. Ein Resümee der Längsschnittforschung. Ferdinand Enke, Stuttgart, 100–114

Courtauld, S., Larkum, A. (2021): Kunst-Entdecker-Karten. Berühmte Gemälde. Usborne, London

Csikszentmihalyi, M. (2021): Flow und Kreativität. Wie Sie Ihre Grenzen überwinden und das Unmögliche schaffen. 5. Aufl. Klett-Cotta, Stuttgart

Dartsch, M., Knigge, J., Niessen, A., Platz, F., Stöger, C. (Hrsg.) (2018): Handbuch Musikpädagogik. Grundlagen – Forschung – Diskurse. Waxmann, Münster/New York

Daynes, K. (2021): Alles über Kunst. Über 50 schlaue Fragen über Künstler, Stile und Kunstgeschichte. Usborne, London

Dickins, R. (2019). Kunst – Ein Mitmachbuch für Kinder. Malen und gestalten wie ein echter Künstler. 17. Aufl. Arena, Würzburg

Europäische Kommission (2021): Kreatives Europa – Über 2 Milliarden Euro für Wiederaufbau, Resilienz und Vielfalt im Kultur- und Kreativsektor. Pressemitteilung vom 21. März 2021. In: https://ec.europa.eu/commission/presscorner/detail/de/ip_21_2587, 25.01.2023

Fink, M. (2021): Freispiel Impulse. Malen und Gestalten. Herder, Freiburg im Breisgau

Fink, M. (2020): Freispiel Impulse. Bauen und Konstruieren. Herder, Freiburg im Breisgau

Franz, M. (2020): Begrüßung und Abschied in der Kita. Für Teams. 33 Fotoimpulse. Nachdenk-Fragen. Don Bosco Medien, München

Fthenakis, W. E. (2021): Zukunftskompetenz Kreativität. In: https://bildungsklick.de/fruehe-bildung/detail/zukunftskompetenz-kreativitaet, 09.10.2022

Funke, J. (2000): Psychologie der Kreativität. In: Holm-Hadulla, R. M. (Hrsg.): Kreativität. HJB 44. Springer, Heidelberg, 283–300

Gartmann, J., Jungmann, T. (2021): Überall steckt Bewegung drin. Alltagsintegrierte Förderung motorischer Kompetenzen für 3- bis 6-jährige Kinder. Ernst Reinhardt, München

Goller, Gloroa (2017): Dialogisches Lesen mit Zuwandererkindern. In: Grundschule aktuell 139, 33–36

Guilford, J. P. (1967): The Nature of Human Intelligence. McGraw-Hill, New York

Hirler, S. (2022): Musik erleben in der Kita. Herder, Freiburg im Breisgau

Hirler, S. (2020): Handbuch Rhythmik und Musik. Theorie und Praxis für die Arbeit in der Kita. Herder, Freiburg im Breisgau

Horn, A. (2021): Kreativ im Kinderatelier. Herder, Freiburg im Breisgau

Hubrig, S. (2019): Morgenkreisspiele für die Kita. Verse, Lieder, Spiele und Geschichten passend zur Jahreszeit. Cornelsen, Berlin

Jungmann, T., Morawiak, U., Meindl, M. (2018): Überall steckt Sprache drin. Alltagsintegrierte Sprach- und Literacyförderung für 3- bis 6-jährige Kinder. 2. Aufl. Ernst Reinhardt, München

Kipman, U. (2019): Problemlösen. Begriff – Strategien – Einflussgrößen – Unterricht – (häusliche) Förderung. 2. Aufl. Springer, Berlin

Klages, M. (2021): Mini-Projekte für die Kita. 3–6 Jahre. 4. Aufl. Verlag Ernst Kaufmann, Lahr

Koch, K., Schulz, A., Jungmann, T. (2020): Überall steckt Mathe drin. Alltagsintegrierte Förderung mathematischer Kompetenzen für 3- bis 6-jährige Kinder. 2. Aufl. Ernst Reinhardt, München

Kopic, A. (2013): Bildende Räume – Raumgestaltung und ihre Bedeutung für Bildungsprozesse. In: Loseblattsammlung 2-Jährige im Kindergarten. September, 15–24

Kowolik, B. (2015): Kita-Kinder machen Theater. Kreative Ideen für Krippe und Kindergarten. Verlag an der Ruhr, Mülheim an der Ruhr

Krampen, G. (2019): Psychologie der Kreativität. Divergentes Denken und Handeln in Forschung und Praxis. Hogrefe, Göttingen

Kurth, W. (Hrsg.) (2019): Musikerziehung. Lehrbuch für Staatlich anerkannte

Erzieher, Facherzieher für Musik und verwandte Berufe. Westermann, Braunschweig

Lefrancois, G. R. (1994): Psychologie des Lernens. 3. Aufl. Springer, Berlin

Lindemann, W. (1984): Was macht der Frosch im Winter? 2. Aufl. Kinderbuchverlag, Berlin

Lüdtke-Brucker, B. (2021): 52 Blitzideen. Kreatives Gestalten für die Kita. Herder, Freiburg im Breisgau

Maier, S. (2021): Kubismus – Grundidee. In: https://www.kunst-zeiten.de/Kubismus-Allgemein (10.02.2023)

Morgenstern, C. (2021): Die drei Spatzen. 15. Aufl. Eulenspiegel Kinderbuchverlag, Berlin

Krüss, J., Müller, C. (2021): Kori, Kora, Korinthe. Die schönsten Gedichte von James Krüss. Oetinger, Hamburg

Neuhaus, G., Füchtler, S., Stirnberg, J., Boufarache-Doukkali, S., Hartke, N. (2021): Einfach machen – 100 Impulskarten für frühpädagogische Kunstaktionen. Ernst Reinhardt, München

Overdiek, A. (2020): Bildnerisches Gestalten im Montessori-Kinderhaus. Herder, Freiburg im Breisgau

Pohl, G. (2014): Kindheit – aufs Spiel gesetzt. Vom Wert des Spielens für die Entwicklung des Kindes. 4. Aufl. Springer, Berlin

Preiser, S. (2006): Kreativität. In: Schweizer, K. (Hrsg.): Leistung und Leistungsdiagnostik. Springer, Berlin, 51–67

Preiser, S. (1996): Kreativitätsfreundliche Lern- und Arbeitsklimata. Schule und Beratung 6, 15–19

Scheffler, U. (2020): Mein Märchenkochbuch. Traumhafte Rezepte für kleine Hexen, große Zauberer und Küchenzwerge. Anaconda, Köln

Scherzer, G. (2015): Kreativität fällt nicht vom Himmel. Wie die Förderung kreativer Kompetenzen gelingt. kindergarten heute 45 (11), 14–19

Shavelson, R. J., Hubner, J. J., Stanton, G. C. (1976): Self-Concept. Validation of Construct Interpretations. Review of Educational Research 46 (3), 407–441

Shaw, E. (2017): Zilly, Billy und Willy. 14. Aufl. Beltz - der Kinderbuchverlag, Berlin

Textor, M. R. (2007): Bildung in der Erzieherin-Kind-Beziehung. In: Becker-Stoll, F., Textor, M. R. (Hrsg.): Die Erzieherin-Kind-Beziehung. Zentrum von Bildung und Erziehung. Cornelsen Scriptor, Berlin/Düsseldorf/Mannheim, 74–96

Torrance, E. P. (1959): Current Research on the Nature of Creative Talent. Journal of Counseling Psychology 6 (4), 309–316

Vogt, S. (2018): 50 einfache Kunsttechniken für Kinder. Verlag an der Ruhr, Mühlheim an der Ruhr

Wagner, K. (2014). Kunst im Kindergarten. Kleine Künstler – Große Wirkung. 2. Aufl. Westermann, Braunschweig

Wallas, G. (1926): The Art of Thought. Harcourt Brace & Company, New York

Warwitz, S. A., Rudolf, A. (2021): Vom Sinn des Spielens. Reflexionen und Spielideen. 5. Aufl. Schneider Hohengehren, Baltmannsweiler

Wohlmann, E. (2016): Die Wirkung von Farbe – Farbpsychologie in der Raumgestaltung. In: https://www.kindergartenpaedagogik.de/fachartikel/raumgestaltung/innenraeume/2378/, 07.09.2022

Zimmer, L. (2022): 101 kreative Ideen für den Morgenkreis im Kindergarten. Kinder spielerisch fördern mit abwechslungsreichen und spannenden Ideen für jede Jahreszeit, Feiertage und Projektthemen. Eigenverlag

Bildnachweis

Katja Koch: Abb. 1–23
Wolfgang Theiler: Icon „Turmbauen 1“ und „Turmbauen 2“ (auf der Haupttitelseite), Icon „Gesicht mit Lupe“ (Definitionen), Icon „Bausteine“ (Beispiele), Icon „Schaumkopf“ (Merksätze) sowie Icon „Kind am Bücherregal“ (Tipps zum Weiterlesen)

Register